《庐山文化研究丛书》编委会

主编
甘筱青

编委会成员
李宁宁　吴国富　计　斌　李华锋
张晓明　吴维勇　王侃民　王贤淼

江西省2011协同创新中心"庐山文化传承与传播协同创新中心"项目成果

庐山近代外来宗教文化研究

曹欢荣/著

江西省高校人文社会科学重点研究基地招标项目
（课题编号：JD1174）成果

图书在版编目(CIP)数据

庐山近代外来宗教文化研究/曹欢荣著.
—南昌:江西人民出版社,2016.10
(庐山文化研究丛书/甘筱青主编)

ISBN 978-7-210-08508-9

Ⅰ.①庐… Ⅱ.①曾… Ⅲ.①庐山-宗教文化-研究-近代 Ⅳ.①K928.3②B929.2

中国版本图书馆CIP数据核字(2016)第110692号

庐山近代外来宗教文化研究
曹欢荣 著
责任编辑:陈世象
封面设计:揭同元
出版:江西人民出版社
发行:各地新华书店
地址:江西省南昌市三经路47号附1号
学术出版中心电话:0791-86898330
发行部电话:0791-86898815
邮编:330006
网址:www.jxpph.com
E-mail:swswpublic@sina.com web@jxpph.com
2016年10月第1版 2016年10月第1次印刷
开本:880毫米×1230毫米 1/32
印张:6.875
字数:170千字
ISBN 978-7-210-08508-9
赣版权登字—01—2016—599
版权所有 侵权必究
定价:28.00元
承印厂:南昌市红星印刷有限公司
赣人版图书凡属印刷、装订错误,请随时向承印厂调换

跃上葱茏
——《庐山文化研究丛书》

总序

九江学院院长

甘筱青

"一山飞峙大江边,跃上葱茏四百旋。"伟大领袖毛泽东的壮丽诗篇使人们心潮澎湃,令庐山增色添辉。

钟灵毓秀的赣北大地,东襟浩渺鄱湖,北枕滔滔长江。在风云际会、气象万千的江河湖水之间,矗立着千古名山——庐山。九江的152公里长江岸线,是由楚入吴的咽喉之地;上通赣江的鄱阳湖,是从中原到南粤的必经之路。纵横的江湖成为控扼七省的通衢,秀美的山川雄视着中国的东南半壁。自古至今,这里政要云集,商贾往来,人文荟萃,孕育并催生了灿烂的庐山文化。早在三国两晋时期,周瑜在宫亭湖驻军,慧远在东林建寺,陶渊明在柴桑归隐,庐山就迎来了第一个文化高峰。而从三国到近现代,有无数的文化巨匠、政治贤达、民族精英在这里留下了丰富的文化踪迹。1996年,庐山作为"世界文化景观"被列入《世界遗产名录》,受到联合国教科文组织世界遗产委员会的高度评价:庐山的历史遗迹,以其独特的方式融入具有突出价值的自然美之中,形成了具有极高美学价值的、与中华民族精神和文化紧密联系的文化景观。

作为华夏文明中不可多得的历史文化瑰宝,庐山文化以其丰富的文化内涵和独特的文化魅力为世界所瞩目。1928年,著名学者胡适游历庐山,对庐山文化的内涵和影响作了高度概括:"庐山有三处史迹代表三大趋势:(一)慧远的东林,代表中国'佛教化'与佛教'中国化'的大趋势。(二)白鹿洞,代表中国近世七百年的宋学大趋势。(三)牯岭,代表西方文化侵入中国的大趋势。"

当然,这三大趋势远远不是庐山文化的全部。以宗教而论,庐山集佛教、道教、天主教、基督教、伊斯兰教五教于一山;以书院教育而论,周敦颐创办的濂溪书院、朱熹兴复的白鹿洞书院成为天下书院的样板;以山水田园诗而论,陶渊明、谢灵运开创了中国的山水田园诗,此后李白、白居易、苏轼等众多文化名人游历庐山,都留下了山水诗歌的名篇;以历代政权而论,三国的鼎立、东晋的南迁、南朝的兴废、南宋的偏安、太平天国的兴亡、民国的夏都以及近现代诸多重大政治历史事件与领袖人物,都与庐山有着深刻的关联;以军事而论,一代名将周瑜、岳飞都曾在这里鏖战,而朱元璋鄱阳湖大战的传奇至今仍然广为流传;以经济而论,九江在历史上位列"三大茶市"之冠,成为"四大米市"之一,九江海关的收入在全国位居前列。此外还有江西诗派的开创者黄庭坚、中国近现代著名人物"陈门四杰"等等。一个个彪炳青史的人物,一桩桩影响深远的政治历史事件,在中国文化研究的版图中,毫无疑问有着举足轻重的分量。在中国众多的文化名胜中,庐山文化始终以其特有的清新隽永之神韵、恢宏旷达之气象令历代文人学士向往。

秀美的山川自然、厚重的庐山文化,抒写着这方天地的古今传奇,滋养了这方天地的教育沃土。2002年,在原解放军财经高等专科学校、九江师范高等专科学校、九江医学高等专科学校和九江教育学院的基础上,合并组建了九江学院。作为扎根于庐山脚下的唯一一所综合性本科院校,九江学院理应承担起传承千年文明的使命,承担起研究文化的重任。使优秀的庐山文化发扬光大,既是每一个文化工作者积极参与民族文化建设的需要,也是九江学院提升办学品位、形成文化品牌的自觉需求。大学人文精神的培育,是高校办学的基本目标之一,也是在高等教育大众化背景中,从规模扩张向内涵建设转变的根本途径。而培育高校的人文精神,既要有先进的办学理念作引领,也要以深厚的历史文化为根基。

九江学院的地方历史文化研究,一直注重挖掘地方的历史文化资源,突出研究特色。其中像陶渊明研究、周敦颐研究、黄庭坚研究等,都已在多年的努力中取得了一些有影响的研究成果。九江学院学报的"陶渊明研究"专栏自20世纪80年代创立以来,坚持了三十多年,产生了广泛的影响,成为全国知名的栏目。在此基础上成立的九江学院庐山文化研究中心,于2008年成为江西省人文社科重点研究基地。它以学术研究、学术交流、文化建设、素质教育为己任,多方聚合资源,广泛开展活动,使九江学院的地方历史文化研究获得了长足的发展。2014年依托庐山文化研究中心的研究力量和取得的系列研究成果,通过与清华大学、郑州大学、南昌大学和庐山管理局的通力合作,九江学院成功申报获批江西省"庐山文化传承与传播"协同创新中心。作为省级协同创新中心,我们致力于不断提升庐山文化研究的知名度和影响力。《庐山文化研究丛书》第四辑的五本专著获2014年度国家出版基金资助;研究中心坚持多年开展中华经典的公理化诠释的研究工作,已先后出版了《<论语>的公理化诠释》《<孟子>的公理化诠释》《<荀子>的公理化诠释》,并陆续发行了它们的中英文对照版、中法文对照版。这项系列研究工作引起了学界的广泛关注。

编撰出版《庐山文化研究丛书》,是庐山文化研究中心的一项重任。《庐山文化研究丛书》以挖掘庐山及赣北地区的历史文化资源为内容,致力于九江地域文化与中国传统文化关系的研究,重点关注其中八个研究专题:

1. 九江历史上的重大政治、军事、经济等事件的研究,包括三国、东晋、南朝在江州发生的重大历史事件和南宋岳飞在九江的活动、太平天国在九江的历史、民国政治与庐山、毛泽东与庐山等研究以及九江的米市、近代的开埠、九江与鄱阳湖黄金通道的关系等研究;

2. 庐山的宗教文化研究,包括东林寺净土宗佛教、云居山佛教、庐山太平宫道教、近代庐山基督教、伊斯兰教等研究;

3. 庐山的教育文化研究,包括周敦颐的濂溪书院、朱熹与白鹿洞书院、宋代书院与宋明理学、明代书院与阳明心学等研究;

4. 庐山山水旅游文化研究,包括以谢灵运、李白、白居易、苏轼等为代表,历史上众多文人名士游览庐山的佳篇为主要内容的山水旅游文学的研究;

5. 陶渊明诗文、思想、生平、文化影响研究和以陶渊明为代表的隐逸文化的研究;

6. 地方文化名人及其典籍的系列研究,例如黄庭坚、陈寅恪等地方文化名人的研究;

7. 建筑文化的系列研究,例如庐山近代别墅的研究,具有地方文化特色的建筑风俗的研究;

8. 九江地区民风民俗、民间文化的研究,如湖口青阳腔、瑞昌剪纸艺术、武宁打鼓歌等民间艺术的研究。

《庐山文化研究丛书》以开放的研究平台和精诚合作的研究机制,吸纳国内外精英人士参与庐山文化研究,并支持出版他们的研究成果,努力打造具有较多学术创见和鲜明研究特色的学术精品。每一部收入《庐山文化研究丛书》的著作,应具有专题明确、资料丰富、挖掘深入的学术品格,同时要具有兼顾学术性与可读性的特点。

《庐山文化研究丛书》计划每辑推出五部学术专著。第一辑于2007年12月出版,包括《慧远法师传》《湖口青阳腔》《陶渊明寻阳觅踪》《点击大师的文化基因——庐山新说》《白鹿洞书院艺文新志》五部专著。第二辑于2009年8月出版,包括《庐山文化大观》《庐山文化读本》《瑞昌剪纸》《陶渊明与道家文化》《黄庭坚诗歌传播与接受研究》五部专著。第三辑于2011年9月出版,包括《＜论语＞的公理化诠释》《庐山道教史》《早期庐山佛教研究》《鄱阳湖地区古城镇的历史变迁》五部专著。第四辑于2014年3月出版,获2014年度国家出版基金资助,包括《〈孟子〉的公理化诠释》《朱子白鹿洞规条目注疏》《庐山与明代思潮》《朱熹庐山史迹考》《庐山佛教史》五部专著。

作为庐山文化研究的系统工程之一,《庐山文化研究丛书》的编辑出版成为九江地方文化建设的一个凸显亮点,成为高校参与地方经济文化建设的一种有益实践,同时也为打造九江学院的人文精神奠定了扎实的基础。本丛书应具有丰富的内容、开阔的视野、高远的目标,既显示庐山文化的大气,也显示九江学院努力追求的目标和境界。由于坚持不懈地努力,《庐山文化研究丛书》也上到了一个更高的平台,第五辑获江西省"庐山文化传承与传播协同创新中心"基金资助,包括《〈老子〉的公理化诠释》《九江濂溪志》《庐山近代外来宗教文化研究》《庐山藏书史》《陶渊明的映像》五部专著。

2013年12月30日,中共中央政治局就提高国家文化软实力研究进行第十二次集体学习。习近平总书记在主持学习时发表了讲话。他指出:提高国家文化软实力,要努力展示中华文化独特魅力。

在5000多年文明发展进程中,中华民族创造了博大精深的灿烂文化,要使中华民族最基本的文化基因与当代文化相适应、与现代社会相协调,以人们喜闻乐见、具有广泛参与性的方式推广开来,把跨越时空、超越国度、富有永恒魅力、具有当代价值的文化精神弘扬起来,把继承传统优秀文化又弘扬时代精神、立足本国又面向世界的当代中国文化创新成果传播出去。要系统梳理传统文化资源,让收藏在禁宫里的文物、陈列在广阔大地上的遗产、书写在古籍里的文字都活起来。要以理服人,以文服人,以德服人,提高对外文化交流水平,完善人文交流机制,创新人文交流方式,综合运用大众传播、群体传播、人际传播等多种方式展示中华文化魅力。2016年5月17日,习近平总书记在哲学社会科学工作座谈会上发表重要讲话时指出:哲学社会科学是人们认识世界、改造世界的重要工具,是推动历史发展和社会进步的重要力量,其发展水平反映了一个民族的思维能力、精神品格、文明素质,体现了一个国家的综合国力和国际竞争力。一个国家的发展水平,既取决于自然科学发展水平,也取决于哲学社会科学发展水平。习总书记的这些重要讲话精神,鼓励我们朝着建设社会主义文化强国的目标不断前进。

感谢江西人民出版社对《庐山文化研究丛书》的高度关注和厚爱,同时感谢各位专家学者对九江学院庐山文化研究事业的支持和帮助。我们衷心期待:通过我们的共同努力,一定能够为中华文化的发展增添新的光彩。我们共同期望:庐山文化的研究事业,能够如群峰竞秀,跃上葱茏,屹立于长江之滨、鄱湖之畔。

目 录

页码	章节	标题
1		前 言
8	第一章	庐山近代外来宗教文化概论
9	第一节	殖民主义与文化传播
18	第二节	庐山与山水文化
20	第三节	庐山地区民众接受外来宗教的心态考察
27	第二章	庐山的新开辟
27	第一节	李德立其人其事
40	第二节	庐山牯岭的开发
48	第三节	庐山牯岭的管理体制和规划建设
51	第四节	庐山牯岭开发的原因分析
54	第三章	近代九江的外来文化
54	第一节	九江通商口岸的开辟
60	第二节	九江租界和海关概况
71	第三节	外国人在九江开办的学校和医院

……………………… 81	**第四章　庐山地区的天主教**
……………………… 82	第一节　庐山地区天主教传播概况
……………………… 93	第二节　教堂与教会组织机构
……………………… 98	第三节　天主教人物
……………………… 104	**第五章　庐山地区的东正教**
……………………… 106	第一节　庐山地区东正教传播概况
……………………… 120	第二节　庐山地区东正教的活动
……………………… 121	**第六章　庐山地区的基督教（新教）**
……………………… 123	第一节　美以美会在庐山地区的传播与发展
……………………… 130	第二节　新教其他修会在庐山地区的传播
……………………… 138	第三节　新教人物
……………………… 149	**第七章　庐山近代外来宗教文化的影响**
……………………… 149	第一节　外来宗教文化与庐山文化近代化
……………………… 167	第二节　宗教信仰的冲突与接纳
……………………… 189	第三节　庐山近代外来宗教文化研究的平民视角
……………………… 204	**主要参考文献**

前言……

20世纪90年代伊始,中国兴起了一股"国学热",这股热潮同时推动了地方文化和区域文化研究。如果不是因为病入膏肓而发的"热",而是源于追求自我完善的生命激情,"国学热"应当是一件幸事,表明了中华民族无论如何古老,依然还具有创新的活力。各地方文化和区域文化研究也因此不至于沦为争吵名人的故居和墓穴的所在地而不能自拔,而是力求成为中华民族文化传承和创新的重要组成部分。

庐山位于中国中部的江西省九江市,北濒长江,东临鄱阳湖,是一座地垒式断块山。独特的地理位置和自然风光使得庐山地区自古以来就是中华民族文化生成和流变的重要基地。1996年12月6日,联合国教科文组织世界遗产委员会批准庐山以"世界文化景观"列入《世界遗产名录》。联合国专家在庐山成功申报世界遗产时这样评价庐山:"庐山的历史遗迹以其独特的方式,融汇在具有突出价值的自然美之中,形成了具有极高美学价值的、与中华民族精神和文化生活紧密相联的文化景观。"[①]这一评价突出了庐山是"与中华民族精神和文化生活紧密相联的"文化景观,中肯准确。由此,

---

① 中国庐山政务网,《庐山简介》,http://www.china-lushan.com:88/lushangaikuang/2011-09-09/1487.html。

研究庐山文化对于民族精神和文化生活的把握、传承和创新具有重要的基础性意义。

一座山成为名山，不仅有地理位置和自然风光的原因，更重要的是由于人的活动而造就的人文积淀以及由此而表现出来的人文景观。庐山在历史上就是文人雅士以及道士高僧的汇聚之地，可以说每一处自然风景之中都融入了一个或是风雅浪漫或是神妙缥缈或是悲情失意的人文故事。热爱庐山的人不仅流连自然景观，更陶醉于那些景观中穿越时空的传说。这些传说离我们或近或远，却是一样的生动。来到庐山的人很容易生发那种"天地悠悠，往者来者"的历史感叹。

庐山地处江南腹地，在历史上远离政治统治中心，不属于"五岳之尊"，因此是一座民间名山。也许正是由于它是"民间"的，没有那么高贵、霸气以至于骄横，它才更具有宽容性和灵性，更能保持一分难得的率性与纯真。

庐山有着自身的气势。山体不大，但绝对高度不低，这就足以吸引登山者，并诱发感慨和振奋精神。人总希望站得高，看得远，让心灵开阔飞翔，但总有其自我限制。一方面要超越限制，另一方面又不得不承认限制，这就是人的生存悖论。不过，这个悖论往往也是人类文化进步的终极动力。庐山无疑有"一览众山小"的气势，却依然有"不识真面目"的困惑。凭借自然赋予的气势，庐山成了寄托情怀的地方，它和人的精神相沟通，成为文化的重要符号和依托。人们在庐山开办书院、传播文化、培养人才，庐山给予了丰富的自然滋养；各种宗教在庐山设立寺庙、道场，庐山深处存放着人的信仰。

庐山的魅力当然还不仅在于自身的气势，它襟湖带江，使得山和水相得益彰。"山得水而活,水得山而媚。"长江和鄱阳湖不仅让庐山交通方便,而且增强了它的自然给予能力。山和水的交融不仅增添了审美上的灵性,而且可以真正保证一种稳定、自给的农耕生活。"一方水土养一方人",这既表明自然的物质馈赠,同时也表明自然的精神馈赠。

庐山在近代曾经有一次翻天覆地的改变——牯岭的开辟以及西方宗教的传播。今天,我们在庐山以及周边地区还可以看到这一历史事件留下的种种痕迹。如果深入了解,还可以看到它对当地人生活方式和观念的影响。这种影响已成为庐山文化"基因"结构中的组成部分,将继续以文化传承的方式留在我们的血脉之中。

文化传承与历史延续总是模糊的,而我们却总是想揭开那掩盖了清晰样貌的历史面纱。每一次揭开其实就是一次文化的再生,虽然其中的奥秘依然还是奥秘。这让我们不得不再一次吟诵那已被千万次吟诵过的描写庐山的诗句:"横看成岭侧成峰,远近高低各不同;不识庐山真面目,只缘身在此山中。"

我想轻轻地再次掀开庐山近代历史上那可能令人唏嘘的一页,即使依然模糊,但的确不能错过。

1928年4月7日,学者胡适游历庐山后写下了《庐山游记》,其中云:"庐山有三处史迹代表三大趋势:(一)慧远的东林,代表中国'佛教化'与佛教'中国化'的大趋势。(二)白鹿洞,代表中国近世七百年的宋学大趋势。(三)牯岭,代表西方文化侵入中国的大趋势。"①本书将集中追述和评论胡适先生所谈到的第三个趋势——西方文化的侵入,我称之为"庐山近代外来宗教文化"。胡适先生

---

① 胡适:《庐山游记》,《胡适文存三集》,亚东图书馆1930年版,第248页。

用了"侵入"一词,而不是"对话""交流"和"拿来"等,传达了近代庐山乃至近代中国在文化领域中的悲情——我们被"文化"了。这是西方殖民者强势背景下的文化输入。也许在西方人看来,他们是在传播"先进"或者"正确"的文化和宗教,是造福人类的举动,然而殖民者的利益追求和资源掠夺,无论如何也改变不了"侵入"的性质。对一种悠长的古老文明来说,当然无论如何也摆脱不了那种被"侵入"的悲情。从客观上说,西方文化的侵入加速了这个古老国家进入现代化的进程,但这只是"客观"上,中国人不会因此在主观上感激这种"侵入"。谁要是"感激",谁就是"汉奸",或至少是"汉奸心态"。

然而,这种"文化侵略"和"文化保卫"的历史认知模式,可能只是针对"绅士"(当时中国社会的上层人物)阶层而言。"绅士"们抵抗基督教表面上可能是维护传统,更深层次的原因是维护自己在政治和思想上的主导地位。在"平民"(当时中国社会的下层人物)那里,他们原本就不存在这种利益,他们需要的可能仅是一种精神寄托。这种"文化侵略"和"文化保卫"的历史认知模式可能根本不适用于"平民"。19世纪中晚期,中国社会发生了剧烈的动荡。历史叙事一般只关注"动荡"这个主题,很少描述这种动荡的大背景下,在乡村的平民中还存在着一种安宁。只要各种政治势力以及野心家的目光还无暇顾及这些相对偏远的地方,这些地方其实还是一样的安宁。当所谓的"历史人物"将目光投注到这里,并用各种手段挑唆平民间的内斗,这里才真正地不得安宁。

近代外来宗教文化在庐山地区的传播过程中发生了许多教案。这些教案发生的原因多种多样,其中有传教士的错误判断和做法,有与宗教本身无关的地产纠纷,也有个别人的挑唆,等等。然而将这些冲突一概描述为"文化冲突"或者抵抗侵略的"英雄事迹"是不客观的。例如在江西建昌府九都,据当地地方志记载,早在1616年,一位叫罗如望的神父来到这里并劝奉了579名当地人。许多信教者都来自九都一个姓游的宗族。后来即使在清朝禁教期间,这里的教徒仍然保持着他们的信仰。19世纪,和德广教士于1832年来到九都,听说九都乡民对天主教的态度很好,他便把九都当成了活动中心。到了1840年,九都三分之一的人都是教徒。在南昌发生严重教案的时候,九都人公开庆祝复活节,没有丝毫冲突的迹象。

从平民对基督教的态度和接受这个视角研究基督教在中国的传播是"西学东渐"研究领域的一个很重要的视角。历史是丰满而生动的,构成历史活动的主要方面应该是广大的平民,而不是少数上层阶级或精英。当然很多时候,社会上层阶级或精英对历史进程和历史面貌确实有巨大影响力,某个历史人物的个性可能决定社会历史的态势,并成为社会历史的共性。然而,这种影响力只是抽取了社会历史的一个方面,哪怕这是最重要的方面,也不能全面而准确地刻画历史的全貌。说到底,多数平民的日常生活(包括物质和精神生活)才是历史的真相。

从平民视角研究基督教在中国的传播,体现的是一种真正的人文情怀。历史在政客那里是为某种政治辩护的工具;在"看客"那里是一段刺激神经的"传奇";在好功名者那里是一本谋略"教科书"。"一切历史都是现代史"这句名言无非就是表明历史是在不同人那里的"叙述"。然而,任何历史"叙述"都是关于人的,其中总要包含对人的命运的感慨和悲悯。这种感慨和悲悯就是一种人文情怀。当人与人之间的差距逐渐缩小,森然的等级逐渐变得模糊,不再以一种严厉的制度来规定个人的地位,而是造成了一种动态的社会阶层流动时,对平民的关注才变得重要,并成为一种关怀个体生活的人文情怀。研究普通的、多数的、个体的生活的历史就是这种人文情怀的体现。

摆脱民族、国家和文化的偏见,着力于描述一种平民在生存中的精神需求——信仰,是研究庐山外来宗教文化的基本视角。这种信仰完全是基于人的生存压力和需求的,虽然可能关涉到政治以及集团利益,但其动机是纯粹的精神追求。平民抵抗和接受基督教,既不一定与出卖自己的祖宗、国家等有关,也不一定与"国家"和"主权"意识有关。他们的出发点无非就是想让自己活得更好点,更舒心点,更有安全感。

论说"庐山近代外来宗教文化"这样一个题目的难处不只是"心态和视角问题",还有关于"外来""宗教"和"文化"到底指什么的问题。本书的"外来"一词特指近代以来从"西方"来的。而"文化"和"宗教"这两个概念的定义很多,"文化"包括观念上的东西和物质上的东西,有人视"宗教"为一种文化现象,本书也将宗教当成一种文化现象来研究,因此,"宗教文化"一词主要指近代庐山外来宗教带来的不一样的观念上的东西和物质上的东西,而生活观念和生活方式等无疑是其核心部分。"外来宗教"的范围是明确的,因为近代从西方来到庐山地区的宗教是很容易与别的宗教区别开来的,来到庐山地区的传教士明确地说自己是来传某某教的。这种对于"宗教文化"的解释当然不能当成严格的定义,只是为本书表明大致的研究内容和方向。

资料,尤其是第一手资料,对于研究这一题目的重要性是不言而喻的。想要完成一个高水平的研究,查找文献、档案,进行田野调查、文物考古都是不可缺少的。研究者本人的理论素养也是十分重要的,而且还要有时间和精力上的保证。这是一个巨大的研究工程。本书的研究将在现有资料的基础上史论结合。当然,在史料准备不足情况下的"论"也就难免挂一漏万。总之,我将在尽力能够找到的资料范围内追述这段历史,并以研究者应有的客观角度稍做评论,以期抛砖引玉。

第一章
庐山近代外来宗教文化概论

依据当前的历史教科书的一般说法,中国近代史是从鸦片战争(1840年)开始,到中华人民共和国成立(1949年)为止,社会性质从封建社会逐步沦为半殖民地半封建社会。这种历史分期与"殖民"这个关键词密切相关。正是由于西方殖民者的入侵,中国才从古代的"封建社会"进入了近代的"半殖民地半封建社会"。而西方殖民者的入侵显然不只是带来了他们工业化时代的商品和带走了我们的资源,还带来了"文化"。西方人特有的"欧洲中心主义"态度似乎在殖民的过程中被强化,从而不断地挑衅中国人的祖先崇拜意识。

有人认为,庐山文化的形成可分为四个阶段,即发生期、发展期、转型期和定型期,而半殖民地半封建社会中的庐山文化属于转型期的文化,在这个时期,庐山的经济形态从自然经济走向了商品经济。① 庐山经济形态的转变到底对庐山早已存在的寺庙、道观,还有书院乃至整个庐山地区的文化变迁有哪些影响以及是如何产生影响的是需要进一步考察的问题。这里涉及的一般理论问题有:殖民主义的文化传播机制,山文化对文化形成和变迁的影响等,在

---

① 江龙:《庐山文化发展的历史分期及其特点分析——庐山文化发展的四个阶段》,载《科技广场》2001年第4期,第212—216页。

此基础上才可以总结庐山近代外来宗教文化在庐山文化转型期的一般特征。

第一节 殖民主义与文化传播

殖民主义是产生于公元1500年前后的国际领域的一种政治、经济和文化现象。学界对殖民主义的定义以及历史有不同的看法,但有一点是共识:殖民主义与资本主义活动密切相关。资本具有追逐利益的本性,资本主义生产方式在"地理大发现"之后必定突破国界进行扩张。在殖民主义的早期,殖民主义扩张是为原始积累服务的;在完成工业革命后,是为了寻求更广阔的市场和原料产地。欧美资本主义国家将非洲绝大多数地区、南亚与东南亚大部分地区以及太平洋地区拖入资本主义的世界市场体系。殖民宗主国不但控制附属国的政治,而且操纵它的社会、文化甚至宗教生活,其经济结构也是为了适合欧美资本主义的需要而存在。

殖民主义必然伴随着文化传播,文化传播也是殖民主义的内在组成部分之一。我们姑且称这种外来文化为"殖民主义文化","它的出现,是以欧洲的基督教文化特别是新教文化为意识形态根源,以欧洲物质文明的成功为经济前提,受到生物学和人类学等学科观念的催化,在近代欧洲的殖民扩张中形成并发展。还在它形成的过程中,殖民文化就同时成为殖民扩张活动的精神手段"①。

西方基督教具有强烈的传教精神。《圣经》有上帝的"选民"的说法,16世纪的加尔文提出"神为自己的目的而呼招选民"。基督

---

① 王华:《世界近代历史背景下的殖民文化问题》,载《清华大学学报(哲学社会科学版)》2008年第5期,第151页。

教国家的民众因上帝的征召而具有强烈的使命感——将上帝的福音传播到全世界,以拯救那些"迷途的羔羊"。这种使命感在资本主义物质文明的催动以及"种族"和"进化论"等观念的影响下,演变成一种"白人种族优越论"和"西方中心论"思想。神圣的使命感由于带上这种优越感的偏见而或多或少地削弱了上帝的权威。尤其是,当这种理论被用来为霸权和掠夺辩护时,遭到强烈的抵制和反抗就不可避免。

一个出生在中国庐山的传教士的儿子希德·安德森在回忆录中有这么一段话:"我们注意到,在中国的美国孩子们常常被中国乡下的孩子们看作另类人。他们经常盯着我们看,有时候管我们叫'洋鬼子',意思是外国来的魔鬼。实际上,他们是受到父母或者祖父母的教导。他们父辈曾经历过当年美国以及欧洲军队侵入中国时,给他们带来的深重的苦难。

"后来,我逐渐了解到,中国学生强烈地意识到,在中国,几乎所有的轮船、铁路、工厂和矿藏等都被外国人把持经营着。慢慢地,中国告诉了我这样一个事实:不管我们喜欢还是不喜欢,我们都是殖民主义的一部分。"①

20世纪后期,一些欧美学者对这种"殖民主义文化"进行了深刻的反思并提出反对"西方中心论"的观点,例如,美国学者布劳特在他的专著《殖民者的世界模式——地理传播主义和欧洲中心主义史观》中说:"本书写作的目的在于破除关于当代世界历史和世界地理的一种强而有力的信仰。这一信仰的概念是,欧洲文明——即'西方'——具有某种独特的历史优越性,某种种族的、文化的、环

---

① [美]希德·安德森:《庐山——我的香格里拉》,慕德华、慕星译,江西高校出版社2015年版,第14页。

境的、心灵上的或精神上的特质。这一特质使欧洲人群在所有历史时代直至当今时代,永远比其他人群优越。"①布劳特的研究不但表明了殖民主义文化的一个重要文化心理特征,而且论证了这种文化心理特征的虚幻性。正是由于这种虚幻的文化心理导致世界范围内的一场特别的"文化侵入"。

在这种"殖民主义文化"入侵的大背景下,近代庐山外来宗教文化不是以和平友好的方式进来的。一般和平的方式是以通商、遣使、求学、传教、旅游、翻译等正常途径进行的,而近代庐山外来宗教文化是在枪炮的威逼和不平等条约的保护下进行的。这与古代庐山以兼容并包之气度容纳"儒""道"和"释"和平共处形成了鲜明的对比。庐山有一个流传甚广的"虎溪三笑"故事。东晋时,庐山西北山麓的东林寺有位高僧法号慧远,潜心研究佛法,在寺前的虎溪立一誓约:"影不出户,迹不入俗,送客不过虎溪桥。"有一次,诗人陶渊明和道士陆修静过访,三人谈得极为投契,不觉天色已晚,慧远送出山门,怎奈谈兴正浓,依依不舍,于是边走边谈,送出一程又一程。忽听山崖密林中虎啸风生,悚然间发现早已越过虎溪界限了。三人相视大笑,执礼作别。据说,后人在他们分手处修建"三笑亭",以示纪念。有多事者还写有一联:"桥跨虎溪,三教三源流,三人三笑语;莲开僧舍,一花一世界,一叶一如来。"这个故事版本众多,主旨都是一个:表明庐山儒、释、道三家的和谐共处。无论是传说还是真有其事,这种场面恐怕不可能出现在本地宗教和外来宗教之间。

然而,不同文化的交流并不必然表现为"文明冲突",只有在

---

① [美]布劳特:《殖民者的世界模式:地理传播主义和欧洲中心主义史观》,谭荣根译,中国社会科学出版社2002年版,第1页。

"入侵"和"抵制"都不可避免的情景之下,文化传播和交流才真正成为文化冲突。我们知道,在中华民族文化的漫长发展历史中,有独立发展时期,也有不同文化交流的时期。在近代以前,有两次大规模的文化交流。第一次是公元1世纪到8世纪,中国文化与印度佛教文化之间的交流。这一时期的标志性事件是佛经的大量翻译。这种交流并没有表现出强烈的文明冲突,而是经过长时间融合,使得佛教真正得以中国化,成为中国文化的有机组成部分。历史学者在研究这一文化交流的大事件时,普遍认为中国文化和印度佛教文化的交流是在国力相当、文化层次一致的基础上进行的,佛教文化传入的方式也是和平的。"这一方面是由于中华固有文化自东汉已渐趋式微,不复有先秦之朝气,亦不复有西汉前期之盛势,文坛沉寂,思想僵直,学术衰枯,亟待更张;另一方面南亚次大陆传来的佛教文化,是自成系统、内容丰盈、思辨精深、文采璨然的一支文化,它与中华固有文化相比较,长短各具,难言伯仲。"①中国传统文化正是通过这种背景下的文化交流才使得自身走向一个又一个发展高峰。中国文化中的思辨水平得到全面的提高,在儒、道、释的基础上产生了宋明新儒学,进而涌现了明清之际的早期启蒙思想。这段中国文化的交流史在庐山也有重要的痕迹,恰恰也是庐山文化的繁荣期。前述的"虎溪三笑"的故事就是这种交流的象征性传说。

　　第二次是中国文化与西方文化的交流。这一交流应该说开始于欧洲的文艺复兴时期。中国的造纸、印刷术、火药与指南针等传入欧洲,为欧洲的文艺复兴提供了坚实的物质基础。而文艺复兴时期中国的传统文化大量传入欧洲,直接成为欧洲启蒙运动的重要思想来源。欧洲著名的启蒙思想家伏尔泰就深受中国传统文化的影

---

① 丁伟志、高崧:《中西体用之间》,中国社会科学出版社1995年版,第3页。

响。这个时期,西方文化也逐渐传入中国。"事实上,第一批耶稣会传教士正是在这一时期进入中国,并与中国最有文化修养的阶层建立了联系。这样一来,欧亚大陆那基本上是独立发展起来的两种社会,在历史上首次开始了真正的交流。"①这次文化交流对于中国来说,主要是器物方面的交流,没有深入的真正的文化交流。这与当时中国的发展进程有关,也与当时中国人的文化心态有关。但总的来说,是在和平中进行的,是中西文化交流史上最令人鼓舞的时期,而且在某种程度上,中国人在文化上的自信还超过了西方人。也许正是这种过于自信,中国丧失了一个平等对话并通过对话而再次辉煌的机会。等到鸦片战争后,中西文化交流的面貌就演变成以"救亡"为主题,文化的拼斗和矛盾上升到关乎民族和国家的存亡。这时,在战争、器物以及生活方式等方面,西方文化也才真正透露出它的优越性。

带着优越感的偏见,用强迫方式带来的"殖民主义文化"一般会对本地文化造成什么影响,并且又是以何种方式发挥这种影响的呢?

对于被"入侵"地方的本地文化来说,这是一个"凤凰涅槃"式的文化煎熬过程。一般说来,首先表现为"强烈抵制"。这出自一种文化本能。当然,人家能够"入侵",那一般的"抵制"肯定就没有什么效果。接着是通过痛苦的反思而"部分接受",所谓"中体西用""师夷长技以制夷"就是这类东西。这类东西效果也不大,拯救不了王朝的毁灭,也难以改变中国的命运。下一步便是"全盘西化",干脆接受全部,痛骂祖先,彻底改造国民性。这样的东西对民

---

① [法]谢和耐:《中国与基督教——中西文化的首次撞击》(增补本),耿昇译,上海古籍出版社2003年版,第1页。

族的祸害可谓不浅。全盘接受任何一种文化最后的结果就是"新瓶装旧酒"。真正的觉醒是意识到只有在时代步伐中实现文化融合和升华才是自我拯救的正道。我们今天还走在这个道路上,并且任重而道远。

学者唐君毅认为,中国人接受西方文化是在受到一种生存危机的压力时开始的,一种卑屈心与羡慕心便油然而生,并导致对传统文化"咬牙切齿"、对西方文化"牙牙学语"的功利主义。带着这样的心态,再加上文化功利主义,怎么能形成现代世界的中国气派呢?中国人一定要有"自作主宰的精神气概"去接受西方文化,他说:"中国未来立国之文化思想,必须有待于吾人一面在纵的方面承先启后,一面在横的方面作广度的吸收西方思想,以为综摄的创造。此创造并不能期必某一个人或某一时期完成,但是只要大家先能提起精神,扩大胸量,去掉虚怯、卑屈、羡慕的情绪,而有一顶天立地的气概,便能逐渐完成。"①这话振聋发聩。

在"殖民主义文化"的特殊情境中,我们"被影响"了,中国人必须寻求从"被影响"转变为"自我影响"的道路。由此,我们也可以看出,"殖民主义文化"对本地文化在近代历史的最大影响就是造就了中国人从"被影响"走向"自我影响"的文化转型之路。这条道路是由第一批"睁开眼睛看世界"的,以林则徐、魏源为代表的中国知识分子开辟的,并在近代经历了清末维新运动、辛亥革命、新文化运动以及20世纪20年代的革命高涨时期。

"殖民主义文化"虽然是在枪炮和不平等条约的保护下进行的,但由于文化本身的特点,不可能直接以暴力强迫人接受。因此,"文化入侵"的方式在形式上与一般和平的文化交流方式没有区

---

① 唐君毅:《人文精神之重建》下册,广西师范大学出版社2005年版,第232页。

别。学者王继平认为:"近代中西文化交流的形式和渠道是多种多样的。通商、传教、外交、留学是几种主要的途径,通过这些形式,近代西方的文化逐步介绍到中国来,对中国近代文化的发展产生了积极的影响。"①

庐山近代外来宗教文化的主要传播方式包括以下三个方面:

一是通商。资本主义的扩张活动首先表现为通商,为工业革命后的商品寻找市场,从而获取利润。清政府与西方列强签订的不平等条约中的最为重要的一项内容是要求清政府开辟通商口岸。通商看起来是在一种平等的契约中进行,但由于各国的经济发展状况不一样,很可能通过通商而被外商掌握经济命脉,从而威胁到国家主权。在通商的过程中,必然伴随文化传播,商人的往来带来了新的外部信息。况且,商品本身也凝聚着文化,传达某种信念和生活方式。九江地处中国黄金水道长江的中游,自古以来就是长江商贸带的重镇。当西方列强威逼清政府开放沿海港口后,为了进一步向中国内地渗透,要求开放沿长江港口以深入中国内地,就自然成为殖民者的下一步目标。1842年,清政府被迫与英国签订《南京条约》,开放广州、厦门、福州、宁波、上海为通商口岸。1858年,清政府又被迫与英、法、俄、美等国签订《天津条约》。在该条约中,九江被辟为通商口岸。该条约同时规定西方人可以在中国内地居住、游历和传教。通商冲击和破坏内地的自然经济,为近代文化的产生和发展奠定了物质基础,同时也带来了资本主义新文化,尤其使九江地区的老百姓对西方科技和工业文明有了新的认识。

二是传教。不平等条约不但规定开放口岸和外国人经商的权利,而且规定外国人在中国传教的权利。这无疑说明传教本身是殖

---

① 王继平:《近代中国与近代文化》,中国社会科学出版社2003年版,第316页。

民活动的精神渗透,是殖民主义的重要内容之一。当然,也不能否认,这个时期的传教也具有西方传统的纯粹传教精神。外国传教士到达九江后设立教堂,成立教会团体,充当了西方文化的传播者。

三是开辟租界,兴建医院、学校和教堂。第二次鸦片战争后,殖民者陆续来到长江中游的九江,开辟租界,兴建医院、学校和教堂。这些举动给九江地区的经济、文化以及宗教带来了深远的影响。

庐山地区的外来宗教文化对本地的影响途径大致如此。但这种概略的描绘显然不是历史真实的全部。从"文化抗拒"心理到"文化危机"意识的产生再到"文化转型"之自觉,恐怕更多的是那些"有文化"阶层人的心路历程。对于当时多数并没有文化自觉只是在社会共同体中形成了某些行为意识的平民来说,面对外来宗教的内心挣扎似乎不存在或者没有如此煎熬。据《星子县志》记载:

> 清光绪年间,英国牧师都约翰·巴福山等2人来星子传教。光绪三十年(1904年),在县城东南(今县中)建耶稣教堂。宣统元年(1909年),都约翰去庐山,由德国人陶教士接替传教。据说辛亥革命时教徒多达300多人,蛟塘镇亦有外国传教士活动。民国九年(1920年),以募捐形式建了两层洋房的礼拜堂,内设真理高、初级小学。蓼花仕林万家也有信徒募捐建礼拜堂,100平方米左右。民国十五年(1926年),瑞士海永清教士来星子传教。二十二年(1933年),中国基督教成立"内地会",试图由中国人自己管理教会,本县蓼花人张济丞任牧师,不久在蛟塘设分会。
>
> 民国二十七年(1938年),日军侵占星子,海永清迁庐山,教徒逃散,张济丞牧师被日军杀害。
>
> 民国三十一年(1942年),日军拆毁蛟塘礼拜堂的两层洋

房,运往董家山建造营房。

民国三十五年(1946年),德国人梅利坚牧师自南昌来星子传教,购买土地1.5亩,常往返于都昌、九江、蛟塘、庐山一带宣传"福音",不久迁往南昌。次年,"内地会"恢复活动,程正林为牧师,筹备成立"中华理教会星子分会",同年还以内地会为会址,成立"江西国际救济委员会星子支会"。在蛟塘设临时办事处。①

星子县位于庐山南麓。《星子县志》的这一记载透露出以下三点重要信息:

第一,20世纪初,传教士来到这里,从1904年到1911年短短六七年间,一个小县城教徒就达300人,可见这个县城的百姓并没有经过太大的抵抗和内心煎熬。目前,我没有看到这300人到底是些什么人以及具体的入教经历的相关资料。可能这段时间这些教徒有过一些犹豫迟疑,但显然难说有很大的抗拒。

第二,在这个记载中,我们还看到,一个小村庄——蓼花仕林万家——的信徒居然主动募捐建立了100平方米的教堂。建立教堂意味着公开进行宗教活动。在乡村中,如果一种外来宗教遭到普遍反对和抵抗,即使乡村中有人信奉,很可能只能在家中或者其他不太公开的场合活动,很难公开建设宗教活动场所。这表明,到了20世纪20年代,乡村的宗法结构并不是那么牢不可破。

第三,1933年,仅经过30年的传教活动,这些教会开始自己管理自己,成立了"内地会"。自己能够管理自己,自主进行宗教活动,这说明外来宗教已经扎根,并成为当地的一种被视为合理的、当

---

① 姜南星主编:《星子县志》,江西人民出版社1990年版,第516—517页。

然的生活方式。

从这些记载中,虽然我们还不能发现当地人是如何接受这种外来宗教的以及其中有过何种文化意义上的矛盾,但是剧烈的文化意义上的冲突是不太可能存在的。至于这种外来宗教到底如何影响和改变了当地人的生活方式和观念,却是需要进一步考察的重要问题。

第二节　庐山与山水文化

中国人对山水的依恋并不仅是视之为衣食来源,更重要的是当成精神象征和精神家园。

在原始社会,当人们对自然感到恐惧时,就想象自然的背后有着某种主宰的神灵。山与川(尤其是山)高深不可测,又力量无边,而中国是一个多山的国家,自然对山神格外重视。因此,我国的山神远比其他的神要多,崇拜山神的活动和由此而形成的文化传统也非常重要。《抱朴子·登涉》记载:"山无大小,皆有神灵。山大则神大,山小则神小也。"《尚书·盘庚》记载"古我先王适于山";传说舜曾巡祀五岳(《尚书·舜典》);殷墟卜辞中已有确凿的祀山记录;后世的《史记·封禅书》《汉书·郊祀志》也有这方面的详细记载。各民族、各地区都有自己崇奉的山川之神,祭祀仪式更是异彩纷呈。"天子祭天下名山大川"被列为古代帝王的"八政"之一。主要源出和得益于"山"的中国传统文化的基本特征也像山一样厚重,博大精深,有源有流,气象万千。

孔子说:"知者乐水,仁者乐山。知者动,仁者静。"(《论语·雍也》)水是柔弱的、流动的,但充满力量;山是雄壮的、稳定的,但幽远深邃。可以说,庐山山水最能体现这种动静相济之美,从而激发人的仁知合一之德。

　　一座山是人赖以生存的家园,也是人类文化的中枢。庐山的山水文化承载着人与自然之间在生存需要以及宗教、审美、哲学等方面的关系。人与山水的关系首先是满足生存需要。在山水中,人类留下了许多利用和改造自然的奇迹。其次,人与山水的关系是一种宗教关系,体现了人对自然敬畏的一面。位于庐山西北麓的东林寺为净土宗的发源地,幽深的山林中,钟声悠扬,显示出佛的尊严和神秘。道教也很早就在庐山落户,庐山是道士们得道升仙的理想之地。随着山水文化的日趋繁荣,宗教中的哲学意味也越来越浓厚。"山水"作为一种环境或境界被人们作整体性把握和观照,并赋予抽象的思辨色彩。例如陶渊明的《桃花源》就是这样的一种"山水"观的体现,回归山水自然、远离政治争斗的隐逸文化,既是一种人生哲学,也是一种政治哲学。当然,在历史上,山水文化更多体现为一种审美文化。对山水之美的体验和欣赏是人类的重要精神活动。我国诗歌艺术的重要美学范畴——"意境",也是从山水胜境得到启发,并通过山水诗画家们的不断实践、探索,最后在理论上加以总结、完善起来的。山水美景可以排解人的精神忧郁,也可以真正寄情山水以获得"天人合一"的快感。

　　上天造就庐山的山水,人创造了庐山的山水文化。在中国版图上,能将"山"和"水"结合得如此巧妙的胜地无疑是中国传统文化的重要创生基地。有人说,中国人的性格是由山文化和水文化交相造就的。山文化的性格是稳定、持重、尚静、温和、被动、安逸。"稳如泰山","坚如磐石",崇尚中庸、和谐、宁静。有两句话最能体现中国人的生活方式,一句是"安居乐业",一句是"安土重迁"。安居乐业就是易于满足、悠闲、安逸,崇尚田园牧歌式的生活,"采菊东篱下,悠然见南山","云淡风轻近午天,傍花随柳过前川"。安土重迁就是不愿冒险,"故土难离",不像游牧民族"逐水草而居",这儿草没了,马鞭一指,"天涯何处无芳草",到另一个地方去讨生活。水文化就是以柔克刚、谦让居下、滋养万物且灵活多变。中国的太极拳就十分强调柔中有刚,这也是为人的基本态度,不强出头,后发制人,甘居下游,但这种柔中有操守。对万物有悲悯之心,也能权变,但不会破坏原则。真正完美的人格是既仁且知,有山有水,所以真正的圣人既是仁厚的长者,又是聪明的智者。

在古代社会,一座山就是一座文化丰碑,以山水见长的庐山更是如此。到了近代社会,山的文化意义同样重要。在近代,庐山的山水文化的含义和特点发生了转变,但作为文化地标的性质没有改变。殖民者除了看重长江和鄱阳湖作为通商的黄金水道外,也看到了庐山山水的文化意义以及这种山水文化将产生的深远影响。他们以庐山为地标,在庐山周边进行了一场既是为殖民活动服务同时也是履行神圣文化传播使命的"文化入侵"活动。

第三节 庐山地区民众接受外来宗教的心态考察

近代庐山文化的重要特征之一是外来宗教的大规模"入侵"。九江被开辟为通商口岸后,大批传教士来到庐山地区。庐山原本是开放的、包容的,本来没有过多的政治意味,因此,传教士在庐山地区的传教冲突不多,传教士也将九江当成华中地区重要的传教基地。总的来说,外来宗教文化在这里与传统的道教、佛教及自然崇拜、鬼神崇拜等民间信仰并存。

据《江西省宗教志》统计:

> 清道光三十年(1850)江西有教徒8870人,清咸丰六年

(1856)有教徒9000人。经太平军和湘军在江西激战后,清同治元年(1862)江西教徒又减少为6000人,此后增长略快,至清光绪五年(1879)有教徒1.2万人,光绪十九年(1893)江西共有教徒17825人。在1832—1893年的近60年时间,江西教徒的数量增长了3倍。进入20世纪,江西天主教教务发展更快,天主教教会势力几乎渗透到江西的每个县市,教徒数量迅速增长。至新中国成立前夕的不完全统计:南昌教区(含九江、高安两个总铎区)有教徒4万余人;赣州教区有教徒1.6万余人;余江教区有教徒3万余人;南城教区有教徒9464人;吉安教区有教徒13620人。总数大约为11万多人。①

在传教活动的快速发展中,由于传教士的错误判断,也由于民众对于外来宗教的天然敌视,再加上政治外交等原因,江西发生了多起教案。其中最大的一次是1862年的南昌教案。这些教案并没有能阻止宗教的传播,外来宗教总体上说是稳步发展,并具备建立主教区的条件。至于有人说基督教在中国的传播出现了很大的文化冲突,"他破坏了家庭;他干涉了祭祖仪节;他把那些已经深入在他们生活中的佛教和道教的仪礼说成是邪教,而对于他们传统的先师孔子的训迪,并不称之为'圣';他要求他的教徒们,对于本乡村和家庭的祀典的维持,停止贡献;这一切都是为着一个'外国的宗教',而这个外国宗教,除了那些入教的信徒之外,没有人承认它在任何方面比那些在中国流行的各种宗教更见好些"②。这种情况主要是出现在近代以前的更

---

① 江西省地方志编纂委员会编:《江西省志·江西省宗教志》,方志出版社2003年版,第296页。
② [美]马士:《中华帝国关系史》第2卷,张汇文等译,商务印书馆1963年版,第243页。

早时期的基督教在中国传播的状况。鸦片战争后,随着乡村自然经济的逐步瓦解以及建立在这种经济制度上的宗法制度的逐渐衰落,这种严重冲突并不多。最早信仰基督教的基本都是外出经商的农民。"有史记载的江西籍的第一个天主教教徒是出生于泰和县的葛盛华。葛盛华于明万历二十年(1592)在广东南雄镇经商时,受洗入教,取名若瑟。与此前后,江西高安县三桥胡村有一在澳门经商的商人也受洗入教。"①

中国民众的信仰其实是带有强烈的功利色彩的,所谓"见了菩萨就烧香",他们并不看重对教义的理解,主要是为了"免灾祈福"。一位英国传教士 Griffith John 在家信中写道:

> 中国人固执地问我一个问题:信奉耶稣有什么好处吗?他能给我们饭吃吗?加入教会能给我们多少现金呢?②

我也曾多次去当地教堂参加礼拜活动,并与那些教徒们聊天,他们基本都说信教就是为了做个好人,以后有好报。教堂牧师针对普通教徒的布道活动也基本利用大家的这种心态进行信奉上帝的劝导。我想,近代的传教士也完全明白这一点,所以他们的传教往往以慈善活动为先,首先让大家看到上帝带来的实际利益,再引导他们遵守某些并不严格的戒律,参加宗教仪式,并在仪式中渗透教义宣传。

当然,即使是带有功利色彩的信仰,也分强功利色彩和弱功利色彩。

---

① 江西省地方志编纂委员会编:《江西省志·江西省宗教志》,第296页。
② Bob Molloy, *Collossus Unsung*, Bloomington: Xlibris Corporation, 2011, p.45.

所谓强功利色彩指的是一部分人完全为了"吃教",为了寻求生活出路而入教。这里面多数是社会地位低下的人,也有一部分是乡里的地痞流氓利用教会欺压乡邻,这样的人当然就会给教会抹黑,并容易引发教案。同治十三年(1874),江西安仁教民王某仅因清明祭祖未参与而没领到谱饼,就串联别的教民将族长捆入教堂吊打。[1] 当然这样的人是少数,而且传教士对这样的教民会进行惩罚甚至将其驱逐出教会。大部分"吃教"的人确实是因为生活贫困,而且在入教后感恩于教会的帮助,会恪守教会的戒律,并进而成为虔诚的教徒。

所谓弱功利色彩是指一部分人由于喜欢教会的生活方式,或者由于对于"神"的威力和恩赐的敬畏,为了求得生活平安而成为教徒。传教士如果能够注重当地的一般习俗,比如不反对祭祖,也不反对敬孔,那么基督教的生活方式是很有吸引力的。教徒虽然有戒律,但不像佛教那么严格,佛教的出家僧人不能结婚,不能吃肉等,这离一般民众的生活较远。基督教没有不结婚的戒律,其实与民众的祖先崇拜完全不冲突,而且礼拜日的宗教活动让教徒有一种群体感。另外,很多人信基督教是因为感念"上帝"的威力和恩赐,这种心态与信佛教是一样的。只要是"神",尊敬他总是没有害处的。当然,也有人是因为一个偶然事件,让他遭遇了"上帝",比如一次祷告后,果然自己的病就好了,从此就开始信奉上帝。

2015年12月,我在九江的教堂里采访过黄梅县濯港镇教徒李留贵。李先生生于1953年,1966年小学毕业,当过赤脚医生、民办教师,曾经是无神论者。

---

[1] "中央研究院"近代史研究所编:《教务教案档》第3辑,台湾"中央研究院"近代史研究所1975年版,第700页。

在问到他的入教经历时,他说:"20世纪60年代,我老婆就开始信教,我老婆是她姐姐的孩子的舅妈(1947年生)带进教会的。当时政府不允许,家庭教会是私密的。那个时候我也不相信,当时我的态度是不打菩萨,也不害菩萨,敬而远之。2006年,我得了风湿以及腰椎间盘突出病,自己都不能穿衣服,基本瘫在床。求医,也求巫,什么迷信都搞,病急乱投医啊,但都没有好。由于老婆信基督教,叫教友来家诊治,慢慢就好了。2008年,我从房子上8米高的地方摔到地上,住院28天,其间好多老婆的教友来看我,而且当时的主治医生也是教徒。2009年,我老婆带我去教堂,看到老婆读圣经,自己也慢慢读进去了,觉得很多道理说的很好。2013年,来到九江工作,在九江教堂朱牧师主持下受洗成为基督徒。现在,我每个星期都去教堂的,身体也好,如果没有去教堂就觉得精神很不好。"

我再问:"您信教后,觉得自己的生活方式和观念有什么变化吗?"他说:"以前我就觉得对自己的父母磕头那是很好的,父母养育我们,磕头是应该的,但是去庙里烧香磕头,我就觉得是迷信,没有意义。基督教不烧香不磕头,我觉得好。还有,信佛教初一、十五要香油钱,有的还带有强迫性质,出少了,和尚不高兴。基督教不强迫,自己愿意出多少就出多少。佛教不能吃鱼、肉,这不好。基督教只不能吃猪血。农村人即使没有时间去礼拜但一定要吃圣餐,圣餐是基督的血。没有去教堂在家祷告也可以。还有,对农村文化知识有帮助,我老婆经常去唱诗,还有人讲解。我们村组织唱诗班,圣诞节参加演出。2005年还在濯港镇的唱诗比赛中得了奖。以前别的文化活动基本没有,目前,村里跳舞的都是教徒,用赞美诗编,也常在镇上表演。当然,在农村,也有人是为了好玩才参加基督教宗教活动的,也有的不识字,没素质。"

"牧师礼拜天仪式上讲《圣经》,您听得懂吗?"

"我原来在乡村教堂都能听懂,来九江教堂后有点听不懂,因为讲书本比较多,书本没有与实际相结合。"

"您有没有在神面前忏悔过?"

"我在濯港教堂见过。有一次,有一妇女偷东西后得病,疑为受到惩罚,后来把偷的东西又送回去了,然后在牧师面前忏悔;还有一个是医院的收费员,拿了病人落下的钱包。病人回来找,他也说没有看见,以后常失眠。后来把钱包还给失主了,失眠也就好了。"

"您信教前后最大的改变是什么?"

"我们那里有一个信教家庭,公公死了,不烧纸,请牧师祷告;不跪拜,请腰鼓队送葬。儿子也不戴白,我觉得改变一些非常浪费的老仪式很好。我自己来说,信教后,我性格变好了,脾气缓和了。但听到说基督教坏话的,我有点反感。读《圣经》,我瞌睡都少,每天早上起来都祷告。"

李留贵先生的入教经历在乡民中是颇具代表性的。李先生是现代人,长期受到中国农村的孝道文化以及党的无神论的熏陶,是由于亲戚或家人是教徒而信奉基督教的。我们可以想象在近代中国,没有多少文化却有着神观念的乡民很容易会被周围的信教的人影响而成为教徒。这些人可能是自己亲戚,也可能是日常被乡民所敬重的人。因此,在基督教发展得比较好的地方,基本是整个家庭甚至家族都信奉基督教的。

另外,通过考察庐山地区民众入教分布状况,我还发现那些信教人数比较多的村庄一般具备两个特点:一是村子的交通相对比较方便,过往人员比较多。这种地方的人,眼界也相对开阔,容易接受新鲜事物;二是这些村子人口多,但姓氏也多。这种情况下,宗法势力相对就不是那么强大,个人信仰也就比较自由。

对于多数平民来说,信仰基督教与信仰别的东西,从皈依心态来说,没有区别。这就好比军阀混战时期,当兵为了吃军饷,至于是在哪一派军阀里当兵其实不是特别重要的问题。他们一方面寻求基本的生活条件和人际交往,另一方面也能够在各种风俗和信奉中找到恰当的平衡点,让特定的教义和戒律与乡里观念结合起来。

第二章
庐山的新开辟

西方人进驻庐山,大概始于19世纪50、60年代,据吴宗慈编撰的《庐山志》记载:"说者谓七十年前(即19世纪50、60年代)已有外人避暑来此,其庐尚存,实为外人入山之第一人,惜其名已不传矣。"[①]这些"外人"在庐山脚下的莲花洞地区居住,目的是为了避暑,是早期到达九江地区的殖民者或者传教士,在时间上早于英人李德立开辟庐山牯岭避暑胜地。但庐山真正大规模的开发还是山上的牯岭开发。

第一节 李德立其人其事

说到庐山牯岭的开发,必须先提到一个重要人物——李德立。《江西省人物志》(《江西省人物志》编纂委员会编,方志出版社2007年版)、《中华民国外交史辞典》(石源华编,上海古籍出版社1996年版)以及《上海名人辞典》(吴成平主编,上海辞书出版社2001年版)等辞书中都有李德立条目。初来中国,其身份是美以美会派往中国的传教士。[②] 不过,后来他除了传教,还从事商业,并参与各种

---

① 吴宗慈:《庐山志》上册,胡迎建等注释,江西人民出版社1996年版,第90页。
② 袁行霈、陈进玉主编,俞兆鹏、李少恒本卷主编:《中国地域文化通览·江西卷》,中华书局2013年版,第323页。

社会活动,还曾出任上海公共租界的董事,在当时有不小的影响力。

　　李德立(Edward Selby Little)生于1864年9月22日,英国肯特郡人。第一次世界大战之前,英帝国的势力达到顶峰,大大地激发了英国年轻人开疆拓土和传教的热情,去"传播"福音在维多利亚时代的中产阶级中成为普遍追求,似乎是"天意"让英国人肩负起使全世界变得"文明"的使命。在这种大背景下,又由于家庭原因,李德立接受美国美以美会(Methodist Eipscopal Church)的资助,带着对上帝的虔诚与对冒险、旅行的向往,于1884年前往美国加利福尼亚接受传教士的训练。被授予神职后,1886年9月22日,与妻子一起抵达上海。① 两天后,李德立夫妇到达预先安排的传教地重庆。1887年,又转派到九江传教(据李德立书信中的描写,当时九江在经济、文化以及医疗等方面比重庆好多了)。李德立来到中国后积极而坚定地推进他的传教事业,努力学习中文,并成为一个"中国通"。由于当时教会缺乏资金,李德立就开始想办法筹措资金,基本途径是买卖土地和鼓励入教的当地人捐款等。李德立来到九江后,在给他在加利福尼亚的教友的信中说:

　　　　传教工作在精神上也获得了成功,我们的会众越来越多,现在我们有200到300听众,且他们都是行为良好的人。平均会众有150到200人。我们非常高兴地注意到很多令人尊敬的,有教养的当地商店老板已经习惯于在安息日晚上来到教堂,他们不是来猎奇,或者来消磨时间,而是从这个"新途径"来学习东西。愿上帝让我们从这些人中获得丰厚的收获!②

---

① Bob Molloy, *Collossus Unsung*, p.18.
② Ibid, p.38.

第二章 庐山的新开辟

早在1811年,清政府下令除广东省可与西洋人贸易往来外,其余各省禁止西洋人前往,并禁止民间私自信奉天主教。这是清代闭关锁国政策的继续。鸦片战争后,随着不平等条约的签订,国门次第打开,外国人经商和传教活动从中国沿海逐步深入内地。传教士来华的目的是"传播福音",一般不从事商业活动。教士的经济来源以教会拨款与教徒捐献为主,传教方式也是传统布道手段与医疗、慈善、教育等传教方法相结合。到了19世纪中叶,在华传教士增多,而英美等国教会的经济状况出现问题,难以支撑在华的传教事业。这个时候,为维持教会运作,来华传教士开始考虑从事实业以自养。显然,这种自养的做法在教会内部有过争论。在历次传教会议文件或发表的关于自养的言论中,未见涉及教会应该通过经营实业活动来自养的字眼,而在如何对待"信徒"捐赠方面的条文颇多。由于传教士与教会从事经营性的商业活动是一个十分敏感的话题,因此,教会兴办实业的尝试经历了一个循序渐进的过程。

来华传教士接触实业更多是出于自养、生存的需要,也有自立门户经商甚至弃教从商的现象。在华传教士从事实业活动最有影响力的也最有争议的就是这位李德立。甚至有学者怀疑其传教士身份,认为他是假借传教士身份经商的。据罗时叙考证:"在中英文的各类关于近代来华外国基督教传教士的史料里,从李德立来华的1886年起,在他活动较多的湖北汉口、武昌、汉阳、上海、九江以及周边地区英国基督教各教会、各教区负责人及主教、教会任命的传教士名录中,都没有李德立这个名字。甚至所有在华的各国基督教各教会的主教、教会任命的传教士的名单中,也没有他的名字。"[①]

---

① 罗时叙:《人类文化交响乐——庐山别墅大观》,中国建筑工业出版社2005年版,第27—28页。

这显然是误会，李德立虽然从事了许多商业活动，但传教士的身份应该是确定的。据记载，李德立刚开始是美国美以美会派遣来华的传教士，并努力为传教事业做出了诸多贡献。1900年，英国卜内门公司力邀李德立加盟以开展在中国的业务，李德立因此退出了美以美会的传教工作。据说当时李德立的退出在教会中产生了很大的震动。此后，李德立离开传教地前往上海开展商业活动。①

李德立出身农民家庭的背景以及他熟悉市场各个领域的规则，使他更有能力开办实业以支持传教事业。不过，李德立反对当时的鸦片贸易，他说："我内心难过，并觉得非常羞愧，当他们带着责备的表情问我你们外国人怎么把鸦片带到中国来呢？"②他在各种场合包括面对英国政府的场合都提出反对鸦片贸易的意见。

他尝试过去中国的乡村传教，希望在田园中建立教堂，并取得了很大的成功。来到九江后，他觉得有必要用中国的"通用语言"介绍基督教。当时在中国传教的外国传教士来自不同的国家、不同的修会，说着不同语言，宣传着不完全一样的教义。在中国传教的外国传教士内部也有很大的分歧。他通过努力，在九江建立了一个印刷社，购买印刷机器以及纸张、油墨，花费了2200美元，是从英国买来的。印刷社开始就设在他自己的寓所里，后来扩大后建造了一栋独立的楼房。虽然资金紧张，但印刷社还是克服困难，成功运作。他在信中说："我们一年印制了2500万张，财务负债大大降低，资产迅速增加。"③这说明，李德立不但是个虔诚的传教士，而且是个有能力的实业家和商人，并具有浓厚的乡村田园情结。我想这也从个

---

① Bob Molloy, *Collossus Unsung*, p.81.
② Ibid, p.41.
③ Ibid, p.50.

人气质上说明,后来李德立为什么能成功开发庐山牯岭。

李德立在中国除了开发庐山外,还干了很多有影响的事情。

(一)开发北戴河避暑胜地

近代以来,外国人在中国开发的避暑胜地有很多,其中庐山牯岭、北戴河、鸡公山和莫干山享有"四大避暑胜地"之称。"域内避暑之区有四,皆光绪中叶为欧美人游览所获,凡有卜筑,其兴也勃然。"①此四处避暑地都是因避暑而由传教士开发,仿照租界模式进行自治管理,数十年间偏僻乡村"宛如西境","桃源真有新天地,十里风飘九国旗",拥有众多异国情调的别墅,广受西人避暑者青睐。"四大避暑胜地"中两个与李德立有关。

北戴河地处临榆县西南七十里海滨,"倚山面海,平畴深谷,隔绝尘境",因交通不便,"不甚著闻于世"。1890年,津榆铁路工程师、英国人金达测勘铁路线路至金沙嘴,发现海滨沙软潮平,非常适合海水浴。最早在海滨筑屋避暑的是英国传教士甘林。1893年,甘林借教会可以"在各省租买土地,建造自便"的特权,买下海滨鸡冠山约400亩土地,并在山地动工建造一幢山寨式别墅。别墅在1896年夏建成后,甘林改鸡冠山为甘林山,名其别墅为甘林别墅。此时,津榆铁路通车不久,海滨交通便利许多。甘林乃遍邀直隶、京津一带教中友人前来庆祝。北戴河自此闻名于京津,随后各国传教士纷纷至海滨购地建屋。②

1898年9月到1915年12月,李德立在北戴河总计永租土地156.11亩,并按照庐山开发的方式分地出售,获得巨大利润。在北

---

① 周庆云:《莫干山志》,大东书局1936年版,第6页。
② 吕晓玲:《近代中国避暑度假旅游研究(1895—1937)》,合肥工业大学出版社2013年版,第45页。

戴河,李德立十分活跃,曾努力想实现北戴河独立市政管理制度,仿上海、天津、广州、汉口租界办法,设立工部局,建巡捕房及会审公廨。1923年8月18日,李德立在北戴河的私宅(今中海滩路99号)召集英、美、德、俄、法、意等各国在北戴河居住者及海滨公益会会员会议,商讨将来联合请愿,举行地方市政,但遭到公益会会员反对而没有成功。公益会马上知会海滨警察局,并具呈于直隶省省长。直隶省省长王承斌阅呈后,即具文呈送北洋政府内务总长高凌蔚并分咨外相。呈文内容如下:

> 查8月18日有英人李德立在其北戴河私宅召集各国避暑之人及我国海滨公益会员等开会集议,所提议条文意在挈领各国私人团体,扩张势力,将来联合请愿,举行地方市政,操纵一切权利。当场,我国海滨公益会列席会员,以其用意不经,即表示不赞同之意。查该英侨所拟草案,原文详加抽绎,察其意旨,均属有碍我国主权,就中如对于我国人士及本地村民之待遇问题,北戴河地位问题,机关大小问题,亩捐问题,执行管理事权问题种种,词旨均甚武断,既背国际礼仪,且有越俎代庖之患。现在虽尚属言论时代,万一进行,不但足以引起地方人民之反响,尤于我国主权及地方行政皆发生直接关系。又传闻该英侨在我国江西庐山方面时,有干涉地方市政之行为,颇为舆论所不直。北戴河并非租界,地方市政、警察及各项治安公举,归中国地方官办理,租居北戴河之各国人不得有自治之权力。①

当时中国政府不承认这里为"租界",并鉴于李德立在庐山的

---

① 王凤华编:《北戴河海滨旧闻录》,中国城市出版社1997年版,第142页。

所作所为有关中国之主权而予以拒绝,因此,李德立在北戴河的这一想法没能实现。至于李德立到底是想通过"联合请愿"以建立何种自治体制,将在下文的庐山牯岭管理体制内容中考察。

北戴河避暑胜地的开发也与当地村民在土地和相邻关系中发生过纠纷。据记载,李德立在北戴河的东海滩路10号别墅墙外是刘庄村村长刘升伯的土地。李德立在刘升伯土地上开了一条通往海边的甬路。刘升伯拆毁了甬路,安放障碍物和界石,并状告李德立。经过两年的调解,李德立于1936年9月9日向海滨区公署发函:

> 迳启者:敝人与刘升伯及贵局等会聚讨论地段问题,各方意见相同,大致决定如下:(一)刘升伯在敝人门口安放之障碍物及界石,应由敝人搬开;(二)本人与刘升伯订立永远租地契约,其道路用地租用价格由公益会土地局作适当规定;(三)敝人同意认为刘升伯为该地主人。①

如果李德立的这个声明确为当时几方协商的最终结果,可以看出当时双方都做了适当让步。李德立自己负责恢复被毁的甬路,承认甬路所占地为刘升伯所有,并与刘签订租地契约。

(二)参与1902年的中英商约谈判

鸦片战争后,中国开放口岸,外商取得在口岸以及内地行商的权利。随着贸易增多,一些在条约中没有完善或者被外商视为不合理的条款需要双方谈判完善和修订。譬如厘金制度。厘金,亦称厘捐、厘税,是一种内地税,与关税不同。《南京条约》规定英商在上

---

① 王凤华编:《北戴河海滨旧闻录》,第144页。

海、广州等五处通商口岸贸易,不准外国商人直接进入内地通商贸易。所以《南京条约》并没有对内地税税率做出明确规定,仅规定英国货物缴纳值百抽五的海关税后,可以由华商运入内地销售。然而,华商贩运洋货进入内地销售,需要在各地缴纳各种厘金,这无疑不利于洋货在中国的流通。据罗玉东统计,从苏州到淮安总共三百里路,有八处厘卡,而从苏州至昆山不到五十里,就有四处厘卡,平均十里便有一个厘卡。① 为了消除这个贸易障碍,《天津条约》第二十八款和《通商章程善后条约》第七款规定,英商将洋货运入内地贸易,或者将内地土货贩运出洋,只要缴纳值百抽二点五的子口税,就可以免纳一切内地厘捐。然而,子口税条款依然规定不明确,中英之间在解释和执行上产生了激烈的冲突。1899 年,中国借重新修订《天津条约》税则章程之际,主动向英国提出"裁厘加税",中英之间就此展开谈判。当时中国政府之所以主动提出"裁厘加税",是希望借此统合地方财政,重建以户部为主导的中央集权式的财政体制。

在华英商在讨论是否通过这次中英谈判形成的《马凯条约》(即《中英续议通商行船条约》)时,发生了分歧,分歧的焦点就在"裁厘加税"问题。以威厚阁②为代表的一方赞成条约内容并要求英国政府立即批准;以李德立为代表的一方则坚决反对,要求彻底修改或推倒重来。李德立首先对中国政府能否履行条约的信用表示怀疑。他说:"摆在我们面前的中国与外国关系的整个历史都证明了中国的一而再、再而三的不守信用。目前中国的动作,又是故

---

① 参见罗玉东:《中国厘金史》上册,香港大东图书公司 1977 年版,第 61 页。

② 威厚阁(C. J. Dudgeon),上海英国老公茂洋行的老板和老公茂纱厂的大股东,担任过上海英国商会(Shanghai General Chamber of Commerce)和伦敦中国协会上海分会的主席,全程参与了条约谈判过程,是当时上海英商中比较有影响的人物。

伎重演。因此,要求中国忠实履行条约,根本就不现实。"其次,就条约本身,他反对进口税加税的幅度。他总结说:"我们不要这样的条约。如果一定要有一个条约,那么,我们所认可的,必须是一个保护英国在华商业和特权的条约。"①

当然,无论是李德立还是威厚阔都是从英商的利益出发的,这点毫无疑问。然而,在条约中也照顾到了他们侨居国——中国的利益。如果不顾中方利益,实际上他们自己的利益也会受到损害。李德立对中国政府的信用怀疑也是符合实情的,在当时的专制中国,无论是政治还是经济,都缺乏契约精神。但这种怀疑本身并不表明李德立就在商务中主张暴力。

(三)出任上海卜内门公司总经理

据《中华民国史大辞典》载:"卜内门公司又称'卜内门洋碱有限公司',英国卜内门公司(后并入英国帝国化学工业公司)1900年在上海开设的分支机构。主要经营进口碱类及化工原料,出口中国土产。该公司曾长期垄断中国化学肥料、碱类和化工原料的进口业务。1949年结束。"②

李德立在中国传教过程中所显示出来的能力被意欲来华开展业务的英国卜内门公司(The Brunner Mond Company)的董事会所看重。因此,上海卜内门洋碱公司聘请在华传教多年、熟悉中国情况、精通汉语的李德立为首届总经理,统辖各省市营业。卜内门洋碱公司在各大商埠的分公司都是李德立领导下次第创设的。当时,中国的百姓用"口碱",并不知道洋碱是什么。李德立为了推销产品,亲

---

① 汪敬虞:《威厚阔、李德立与裁厘加税——记八十八年前的一次争论》,载《中国社会经济史研究》1990年第4期,第79—82页。

② 张宪文、方庆秋等主编:《中华民国史大辞典》,江苏古籍出版社2001年版,第21页。

自上阵。据传,他亲自深入廊坊等地,雇人肩挑洋碱,他则手执铜铃招摇过市,沿街宣传。好奇的人聚拢围观,他则乘机演讲洋碱用于发面如何速效、简便、如何卫生,用于洗涤如何去污除油等,并亲自实践,边演边教,以验证宣传不假。李德立这个总经理居然像个小贩一样沿街叫卖,说明工作很是拼命的。由于李德立的努力,不到十年,优质、廉价的洋碱不但逐渐在民间广为使用,且当时我国新兴的肥皂、玻璃、搪瓷、造纸、冶金等工业也逐步以洋碱为原料,因此,洋碱销路广开,卜内门洋碱公司的业务也遍布中国的主要商业中心。① 李德立在生意上可谓有勇有谋,有眼光。卜内门公司对中国乡村以及工业发展的影响力是巨大的。

　　卜内门公司垄断了中国的碱类化工原料业务。在第一次世界大战爆发后,国际货物运输受到一定的阻碍,该公司乘机囤货居奇,使碱价暴涨。中国的实业家范旭东为破除卜内门公司的垄断,于1920年在塘沽创办了永利制碱公司,发展以盐制碱事业。据有关记载,李德立的卜内门公司在与范旭东的永利公司竞争的过程中,李德立以及英商在中国的代理人采用了不正当的竞争手段。由于当时盐税很高,以盐制碱的成本也就不低,为了能和卜内门公司竞争,永利公司积极争取政府制定相关规则对工业用盐免税。而当时的政府部门也确实支持永利公司的做法。然而,这种做法遭到了英国人的反对。当时,盐务稽核所会办一职由英人丁恩担任,他对永利申请工业用盐免税一案极力阻挠。同时卜内门也到处散布"海盐不能制碱"的谣言,以此来动摇中国人创办制碱工业的信心。经过一番较量,永利公司在"盐税"问题上获得了胜利。后来,卜内门公

---

① 参见余啸秋:《永利碱厂和英商卜内门洋碱公司斗争前后论略》,载《文史资料选辑》第80辑,文史资料出版社1982年版,第44—59页。

司又采用威逼利诱等各种手段,希望与永利公司合作,但遭到了永利公司有理有节的拒绝。这个故事被后人用来表明中国人在市场竞争中的智慧和勇气以及民族实业家的拳拳爱国之心。

有资料显示,李德立和范旭东两人曾在庐山有过一次见面,他们之间的对话似乎更能表明殖民者的贪婪和被殖民者的英勇抵抗。当然,也许正是如此符合中心思想和如此生动的描述,反而让人觉得这段对话是杜撰的。不过,把这段对话摘录下来一读也是有意义的:

> 1922年盛夏,永利制碱公司正在建筑厂房、制造设备过程中,范旭东去庐山访友,恰好卜内门的李特立也在邻庄避暑,邂逅相遇,攀谈相识。当李特立得知范旭东是永利制碱公司经理时,狡诈地拍拍范的肩膀说:"碱对贵国确是非常重要,只可惜办早了一点,就条件来说,再候三十年不迟。"范旭东立即反击:"恨不得早办三十年,好在事在人为,今日急起直追,还不算晚。"说完相对一笑,拂袖而去。范旭东回到塘沽,把在庐山遇到李特立的情景向有关人员作了传达,用以激励大家爱国热情,并要求大家努力工作,埋头苦干,一定要把碱厂搞上去,吐出这口受洋人凌辱的恶气。①

(四)三次出任上海公共租界工部局董事

1854年7月,上海租界组成自治的行政机构——行政委员会(Executive Committee),不久更名为市政委员会(Municipal Council),中文名为工部局。1863年,英美两租界合并,"公共租界"正式宣告成立,于是工部局就成为"公共租界"唯一的行政机关,在这块

---

① 陈歆文:《永利与卜内门的拼搏》,载《纯碱工业》1982年第5期,第34页。

狭小的地面上,俨然是"国中之国"了。工部局的组成方式是,由"外人纳税会"和"华人纳税会"选举产生"董事会","董事会"由总董、副董和若干董事组成。"董事会"以下设各项委员会,如"警备委员会""工务委员会""财政委员会""卫生委员会""公用委员会""税务委员会""学务委员会"等。"董事会"设有一个"总裁",主持"总办间"的日常各种事务。①

李德立从1904年到1906年连续三届被选为上海公共租界工部局董事。②

(五)斡旋辛亥革命南北议和

1911年武昌首义后,全国大部分省份宣布独立。清政府无法扑灭全国的革命烈火,以袁世凯为代表的反动势力便采用武力威逼与和谈引诱的方式以迫使革命党人妥协。由于没有做好指导全国规模反清起义的准备,同盟会本身又迅速地暴露出许多弱点和分裂的现象,因而在袁世凯集团的诱胁下,经过立宪派人的协调,加上帝国主义的恫吓挟制,革命派内部的妥协气氛日趋浓厚。在英国驻华公使朱尔典等外国人的撮合下,南北两方达成议和协议。12月7日,清政府授袁世凯为全权大臣,命其委派代表驰赴南方讨论大局。袁世凯命唐绍仪为他的全权代表,随同参赞杨士琦和他所挑选的各省在京官绅代表许鼎霖、严复、张国淦、侯延爽等,迅即南下武汉议和。9日,各省接受苏、浙、沪都督府的推荐,确定以伍廷芳为南方议和全权代表。12月18日,"南北和谈"在上海英租界市政厅正式开始。与会的除南北双方代表外,还有英、美、俄、日、德、法等国驻

---

① 熊月之主编:《稀见上海史志资料丛书》第7册,上海书店出版社2012年版,第31页。

② 吴志伟:《上海工部局董事会变化表(中)》,见上海市历史博物馆编:《都会遗踪·上海市历史博物馆集刊2009(1)》,上海书画出版社2009年版,第187页。

沪总领事及上海外商代表李德立。①

李德立在"南北和谈"的过程中提供食宿,安排晤谈,居中协调,积极促成。1911年12月9日,李德立致电黎元洪:

> 战延不和,中国前途,不堪设想。德立侨华已三十年,曾历二十二省,故不忍坐视糜烂。因特屡电商准袁内阁派员议和,民政府亦已允可,届期有代表磋商。沪上为公共保护中立地,予议和最属相宜。盼都督深然德立所为,而助和局,请速电复,以明愿和之忱。为荷。②

伍廷芳代表到达上海后就住在李德立家中,李德立为和谈做了很多幕后协调工作。

和谈双方最终达成共识,宣统逊位,中华民国成立。为表彰他在"南北和谈"中所起的积极作用,孙中山先生特授予他"和平使者"勋章。袁世凯也曾通令褒奖李德立:

> 去岁在沪议和,英人李德立居间调停,颇多赞助,着给予三等嘉禾章。③

1921—1923年,李德立任澳大利亚驻中国商务代表。从1928

---

① 章开沅、林增平、王天奖、刘望龄:《辛亥革命史》下册,人民出版社1981年版,第276、281页。
② 辛亥革命武昌起义纪念馆、政协湖北省委员会文史资料研究委员会合编:《湖北军政府文献资料汇编》,武汉大学出版社1986年版,第130页。
③ 上海社会科学院历史研究所编:《辛亥革命在上海史料选辑》,上海人民出版社1966年版,第1303页。

年起,他的主要活动转向新西兰,将克瑞克瑞(Kerikeri)开辟为国际知名的度假与旅游胜地。据说,李德立还在庐山发现了野生猕猴桃种,并首次将种苗引种到新西兰。①

1939年,李德立在新西兰逝世。②。

从相关资料显示的李德立在中国的主要活动来看,他主要从事商业,并参与当时中国的政治活动,在商界和政界都有较大的影响力。相比而言,他参与的传教活动以及一些关于他参加慈善活动的资料记载不多,显得也不是那么突出。不过,传教士从商是符合基督教新教中所体现出来的资本主义精神的。李德立作为一个殖民者,无疑带有那种殖民者的傲慢,同时,在经商的过程中也有追逐利益而不择手段的资本主义原恶。然而,欧洲人对市场经济的认识以及西方式人道主义精神,也使得这位传教士精通谈判,能够妥协,从而为自己获得最大利益的同时,也维护和保障对手的利益。

第二节　庐山牯岭的开发

李德立在《牯岭开辟始末》中说:

> 旅居九江之外人,因夏日炎热,乃觅得庐山为避暑胜境。初来山者,有美以美会、汉口圣公会、九江税务司、俄国人以及九江外人团体,于山麓建别墅五椽。时购地极为困难,外人每以巨金向寺僧购得之。李德立初欲在狮子庵(注:在九江马尾

---

① J.亚当·达夫:《"牯岭租地"创始人的故事》,见[美]保罗·谢瑞茨主编:《庐山忆旧》,慕星、慕德华译,江西高校出版社2015年版,第1页。
② 欧阳怀龙:《"世界村"里的别墅》,载《文史大观》1996年第1期(总第6期),庐山申报世界自然与文化遗产专辑,第27页。

水之附近)购地建屋,久无成议,旋有九峰寺僧(注:"九峰寺"亦马尾水附近)以地出售。尚未税契,九江绅士闻之,呈请官厅禁止,捕售地者及中人下于狱。①

九江开辟为通商口岸后,外国人在九江居住者增多。李德立说这些外国人去庐山租购土地主要是为了"避暑"。李德立在对重庆传教士联合会(Chingkiang Missionary Association,CMA)解释为什么看中庐山上的牯岭时也说到:"九江夏天酷热,需要一个避暑地以给予那些被酷热折磨得难以忍受的人去休养。"②习惯了欧洲海洋性气候的传教士们很难适应当地的酷热,他们往往为了避暑,要么去日本,要么回到欧洲,但都要很大一笔花费。如果在当地就能找到一个避暑的地方,那就非常方便了。由此,庐山牯岭的开辟就成了李德立在中国留下的最得意的作品。

最早在九峰寺租地建房的是俄国商人。九峰寺一个叫汇东的和尚将寺庙正殿背后园地租赁给俄商。光绪十四年(1888)四月十八日,当地绅士何蕴章告官。汇东和尚害怕获罪,闻风逃走。俄商人仍然继续兴工修建他们的洋房别墅,对何蕴章的控告不加理会。三十年后,1917年俄国十月革命胜利,俄国商人逃走,九峰寺僧人才收回那块土地,将洋房拆卖,来补偿俄国人的欠租。还有九江海关的西籍职员也曾在此购地建屋避暑,都是从当地寺庙僧人中私自购地。据说寺僧被人控诉后,死于狱中的有好几个。③

据学者龚志强、刘正刚考证,第二次鸦片战争后,中外相关条约

---

① 李德立:《牯岭开辟始末》,见吴宗慈:《庐山志》上册,第403页。
② Bob Molloy, *Collossus Unsung*, p.53.
③ 吴宗慈:《庐山志》上册,第167页。

中确定了外国传教士有在中国内地租购土地建造房屋的权利,这是条约依据。实际上,清政府最初只允许传教士在通商口岸置产,而且对民间涉外卖产的控制十分严格。民间人士为图利,往往私自卖土地给外国人,从而导致土地纠纷案时有发生。庐山离九江12公里,不属于通商口岸内,因此外国人在庐山租购土地虽然有条约依据,但地方政府是严厉禁止的。①

李德立看上庐山牯岭后,便下决心要把这里建成避暑地。购地之阻碍虽然很多,但李德立从未放弃这个想法。

据吴宗慈《庐山志》记载,李德立是从德化县一个叫万和赓的举人那里买得庐山牯牛岭、长冲、高冲、女儿城、大小校场、讲经台等处公地,写契人叫万启勋。此地为庐山上德化和星子交界处的一片荒地,而且所有权性质为"公地",万和赓把本不属于自己的土地卖与他人,属于"盗卖",何况买方又是外国人,这必然导致土地纠纷。德化县衙不承认此契约的合法性,由此李德立便贿赂时任九江知府的盛富怀,命令德化县衙承认并契税。这激起了九江人的反对,自发阻止造屋,毁坏已经建造的木棚,并向官府控告。

在庐山牯岭出生的美国传教士的儿子亚当·达夫回忆他听到的当时九江人反对李德立的情况时说:"当地几个社会团体以及各阶层的头头聚集在一座城楼上,他们拟订了一份敢死协议书,又杀了一只鸡,沾鸡血在协议书上面盖上了自己的手印,誓死反对将庐山转让给外国人。"②

官府行动了,饶九道和江西巡抚都参与此事,拘押了盗卖的当

---

① 龚志强、刘正刚:《晚清庐山开发中的土地问题》,载《南昌大学学报(人文社会科学版)》2010年第2期,第93—94页。

② J.亚当·达夫:《"牯岭租地"创始人的故事》,见[美]保罗·谢瑞茨主编:《庐山忆旧》,第11页。

事人。据说,盛富怀因此自杀。李德立求助英国驻九江领事,九江领事报告英国驻华公使,公使与总理衙门交涉。总理衙门责令地方政府勘察长冲等地后,认为不就一片荒山吗,"无关风水泉源樵采",就由德化县立约租给李德立算了,其他地方一概退还。在押的万启勋等当事人也从宽释放。光绪二十七年十二月十八日《外务部致英公使萨道义照会》称:

> 光绪二十七年十二月初五日准,江西巡抚咨称:十二年冬间,英教士李德立私租庐山之牯牛岭、长冲等处,经该处绅士呈控,将契内有名之万启勋等查拘到案,勒令缴清价银,并与驻浔英领事雷夏伯议定,将长冲一处明定界址,租与该教士李德立管业,每年认缴地租钱文,其私租之牯牛岭等处,概令退还,于二十二年冬间立约完案。①

光绪二十二年冬,由九江道台和英国驻九江领事签订了《牯牛岭案件解决协议条款》,俗称《牯岭十二条》:

> (1) 长冲——在草图上标有蓝色的土地已为李德立先生同意:经由双方检查,地基边界相符,在所有权契约公布的基础上收回旧契。该图已于农历五月六日(1895年5月29日第7号急件)由 H.M'S 领事转交道台。
>
> 经同意新契由行政长官(土地管理局负责土地的官员)制定交给 H.M'S 领事时,十天内交出旧契,旧契交回给 H.M'S 领事并在双方到场时当众销毁。

---

① 吴宗慈:《庐山志》上册,第401页。

(2)李德立先生同意放弃原始契约上列举的下列地点：牯牛岭、女儿城、大小校场、高冲、讲经台以及不知名的山群——尽量不与前述标有蓝色土地的地图相抵触。

(3)向英美教会赔偿土地放弃、木房被烧所受损失以及领事职权费等共计3455元。

(4)长冲水流不得阻塞或改道。阻塞并不意味着为了游泳目的而禁止加深部分河流，只要水的流动不受阻碍。

(5)允许在长冲谷建立砖窑。

(6)不许乡民刈草或砍伐灌木，无论如何，长冲界内的树木归教会所有，乡民无任何此外权利。

(7)在现协定签字后，道台应立即请求省长赦免和释放在押人犯，并且与出售财产有关的人今后不应继续受到反对或惩罚。

(8)在建筑实施开始前，教会将通知当地官员，以便其采取必要的措施加以保护，无论如何不允许人们对其加以干扰。

(9)教会(李德立)同意付给长冲年租金共计12000文现金。

(10)本事件一经解决，道台应发布公告张贴全区，使人们知晓，他们今后必须与外人和睦相处。道台将请求省长通知衙门，并随即发布公告。

(11)在教会这方面，山上道路的建设是值得赞扬的行为！中国人和外国人同样，不论任何阶层，都可以自由使用它。今后在任何时候破损都必须加以修理。这项工作可以进行，但道路一定不得改变。修理的通知应给予官员，以便教会受到适当保护。

(12)本协议签字后，任何一方都不得提出异议。

H. M'S 代理领事
赫伯特·F. 伯纳地于九江(印)
(签字)

九江地方行政长官
广饶景南行署九江道台成顺(印)
(满文)(签字)

1895 年 11 月 29 日即光绪二十一年十月十三日

前文是你们协议的忠实本文,为了"牯岭案件"的解决,我与道台共同签名,特此证明。

H. M'S 代理领事
赫伯特·F. 伯纳地
(签字)
九江英国领事馆(印)

九江
1896 年 2 月 5 日①

李德立给这个地方起名"cooling",其发音与原地名"牯牛岭"相似,又让外国人明白这是个凉快的、避暑的地方。

---

① 陈熙炜抄《牯岭十二条》,见欧阳怀龙主编:《从桃花源到夏都——庐山近代建筑文化景观》,同济大学出版社 2012 年版,第 215 页。

如果不是因为李德立是外国人,也没有殖民者对被殖民地造就的痛苦,那么李德立开辟庐山牯岭的行为无疑是促进经济发展的一般商业行为而已。由于殖民之背景,人们对李德立的开发行为的看法也就变得复杂了。在李德立租地的整个过程中,风波迭起。官府开始装聋作哑地予以默认,当民众与开发商发生冲突,士绅起而反对后,才行动起来,禁止私自售地。在与外商协商后,又做出了妥协。清政府在洋人和民众之间周旋,总感觉他们的措施老是捉襟见肘。他们一方面怕洋人,一方面怕民众,还真是难为他们了!

民众的反抗行动总是被描述为"英勇的抗击外国侵略的爱国行动"。部分士绅和老百姓确实充满了爱国意识和主权意识,或者由于受到殖民者欺负而激发了这种爱国意识。李德立说:"交涉怒潮激起,乃由李名玉其人约合城内缙绅,遍贴传单,反对购地。"①这是有组织有目的的反对运动,是当时中国反西方帝国主义运动的大背景下的重要组成部分。当然,在牯岭开发过程中,也有一些冲突与今天的房地产开发进程中的"拆迁冲突"一样,老百姓和开发商都是为了自己的利益,只不过开发商有官方背景,老百姓总是处于弱势一方。李德立在谈到庐山修路时说:

> 地购得后,即从事路线采择。旧有之路,仅有烧炭樵采所经行小道。于是遍历山区,从事择定,一面筑路,一面售地,即以售地之款为筑路经费。筑路时感受之困难,一为包工者索价极昂,一为附近村坊争为承包,势同械斗,屡起争端。始议定石门涧人筑中段,是为马鞍岭之第一谷直至和尚坟。又十八湾之一段石岭,从棺材石起,施工至难,其时凿炸之石工,本地无有,

---

① 吴宗慈:《庐山志》上册,第404页。

须由别处雇觅,然本地人又百般反对也。①

这虽是李德立的一面之词,但无疑有几分真实。老百姓只是为了自己的生计而已。

李德立租得长冲土地后,将其划分成若干号出售。几年之内,全部售完,李德立获巨利,于是想方设法扩张。1904年,李德立又租得草地坡地面79号、下冲地面53号、猴子岭地面12号、大林冲地面100号等共244号土地。1907年,李德立又租得医生洼地面的一部分。

李德立原本是一个在中国传教的普通传教士,开辟庐山牯岭的行动使他在中国成了一个有相当影响力的人物。牯岭是李德立在中国工作的一座丰碑,到今天它的影响完全超越了一般意义的宗教和文化传播。

李德立在庐山的租地行为在外国人中起了示范作用。外国人都跑到庐山来租地,就像今天有钱人都投向房地产一样。1897年,俄国东正教牧师租得庐山芦林地区;1898年,美国传教士租得庐山医生洼地面;1914年,法国传教士租得庐山狗头石地区。从此,庐山从一座隐逸名山转变为一座避暑名山。

第一个搬到庐山居住的外国人叫约翰·L.达夫。据亚当·达夫回忆:"他们很快成为那里的主要代理商和供应商,提供屋瓦、木材、建筑材料、杂货到日常用品,甚至还有牛奶。中国人过去不喝牛奶,不吃奶油甚至牛肉,现在他们也开始品尝。夏季,达夫一家人必须自己杀牛,并将剩余的牛肉放在地窖里保存,那里有他们冬天收集保存的冰块。达夫家的房子在夏季总是被客人塞得满满的,来此

---

① 吴宗慈:《庐山志》上册,第404页。

地的大多是为躲避长江盆地炎热气候的病人，为此他们还开设了一家旅馆。后来，在牯岭还修建了一家由传教团体捐助的医院，其他的诸如教堂、图书馆等等也相继建立起来。达夫一家在庐山建设了四十多年，达夫先生去世后就安葬在庐山。"①这段回忆文字让我们对庐山牯岭外国人的生活面貌有了一个很直观的印象。他们来到庐山后，还真把这里当成了家园，长期生活在这里，并且带来了不一样的生活方式。

第三节　庐山牯岭的管理体制和规划建设

李德立在庐山租地之初，为开发和管理租得的土地，成立了牯岭公司：

> 李设立牯岭公司后，即组织一托事部（译义），以管理建设工作与土地权，直接对地主负责。所谓地主，即李所划分其地为若干号，每号售二百元，出此代价者也。惟教士则加优待，让地价四分之一。地主如自愿对公司之地产权负责，同时，托事部认为时机已成熟，则可另组织市政会议。自一八九六年托事部任职以来，数年之间，其管理之土地已分号售罄，建筑迅速，道路开辟。于是地主自动选派代表，组织市政会议。托事部将关于道路桥梁之修理，公共建筑之保管，及关于市政改良一切事权，尽数移交。②

---

① J. 亚当·达夫：《"牯岭租地"创始人的故事》，见[美]保罗·谢瑞茨主编：《庐山忆旧》，第15页。
② 吴宗慈：《庐山志》上册，第404页。

李德立在庐山租地出售的计划以及管理模式,与今天中国城镇开发商的开发模式很相似。牯岭公司相当于一个房地产开发公司,负责规划、公共建设以及销售。当房地产开发公司完成销售后,由购房(或购地)者组成业主委员会聘请物业公司管理小区公共事务。牯岭的市政会议相当于现在的业主委员会。李德立带来的这种房地产开发的商业观念和意识,在当时的中国以至于后来的很长一段时间的中国都没有开花结果的土壤。这其实是西方人用生动的例子在表明一种商业文化和自治文化,可当时我们看到的却只是侵略。那确实是一种殖民侵略,这是没有疑问的,问题是对很多事情,我们只看到了一面或者说主要的一面,而忽视了另外一面或者说是次要的一面。很多时候,哪怕是次要的一面,对我们来说也是很重要且有价值的。今天,我们看到庐山周围有很多以温泉、宗教等名义开发的旅游地产,其中也不乏外籍人的开发公司。比较他们在建筑和规划上对自然景观的保护意识以及土地利用效率等方面,再看李德立的做法,难免感慨良多!

对于庐山牯岭的规划和建设,国内许多相关的建筑学研究文章和专著给予了极高的评价。1895年,李德立开始着手制定牯岭的建设规划,他请内地会传教士兼建筑工程师波郝尔主持规划,1898年规划基本完成,并于1905年进行了扩充。这个规划因此被称为"波郝尔"规划,主要由两部分组成:土地利用规划和道路交通规划。该规划的基本原则是:第一,"规划尽量结合地段环境",当时规划别墅用地及划分地皮编号的一项重要原则即依照牯岭长冲地区的山地自然走向,将山地规划成长方形和不规则的多边形,尽量利用山体、地势的自然走向和原有地形条件进行布局,从"规划区范围内,没有开山炸石的痕迹,也没有大量的建筑余土堆积"这一点上即可看出"对地形的利用达到了很高的水平"。① 第二,"严格控制建筑密度",规划中每块地皮上建筑占地面积和每号土地面积的比例(即建筑密度)控制在15%左右,使规划范围内仍有80%左右的绿地存在,尽可能保持山地自然环境。这种规划思想的客观效果,是使这一地区的建筑既有群体性,又有相对独立性,建筑间的距离、体量及造型受到一定的控制。长冲地区的建筑密度目前为18%左右,至今东谷地区仍为庐山规划最好的区域。②

规划形成后,西方人以及部分中国人在庐山牯岭建造别墅的活动迅速开展起来。③ 至1917年,据《庐山志》记载,牯岭别墅已达560幢,外国居民达1746人,分属英、美、德、瑞典、俄、芬兰、法、奥地利、挪威、瑞士、丹麦、比利时、葡萄牙、意大利、日本等15个国家,号称"万国建筑博物馆"的庐山别墅群初步形成。

据罗时叙统计:"庐山现存的原本为19世纪末至20世纪初叶由18个国家的业主建造的别墅,如果以业主的国籍作为别墅风格的一个重要划分依据的话,那么,其中有中国仿欧式259栋、美式185栋、英式125栋、德式17栋、瑞典式12栋、日本式及仿欧式11栋、法式7栋、芬兰式3栋,以上以欧式为主体的别墅,共计622栋。还有丹麦、俄国、葡萄牙、瑞士、加拿大、澳大利亚、新西兰、荷兰的欧式或仿欧式以及多国建筑风格融合的别墅共14栋。"④

---

① 彭开福:《牯岭地区的初期规划及别墅建筑》,见彭开福、欧阳怀龙等:《庐山风景建筑艺术》,江西美术出版社1996年版,第38页。
② 彭开福:《庐山牯岭地区初期规划及别墅建筑》,载《华中建筑》1988年第3期。
③ 关于庐山牯岭房屋建筑活动的详细考察,可参考李南:《中国近代避暑地的形成与发展及其建筑活动研究》,浙江大学博士论文,2011年10月。
④ 罗时叙:《人类文化交响乐——庐山别墅大观》,第27—28页。

第四节　庐山牯岭开发的原因分析

美国作家赛珍珠在谈到庐山的开发时说:"居住在中国中部省份的白种人对于到庐山居住的意义,现在应该给予解释。的确,在中国还有别的避暑胜地,但是我们感觉还没有一个地方能和牯岭相媲美。它不仅仅只是一个避暑地,更是一个能挽救生命的驿站。在我的童年时代以前,流行一些肆虐的热带疾病,一旦感染上它们,将会带来极其严重的后果。白种人似乎没有什么免疫力能抵抗这些疾病,我依然能回忆起那些感染疟疾的人们所遭受的摧残和蹂躏的情景。"①

庐山被西人开发为中国近代四大避暑胜地之一,其原因总结起来有以下几个方面:

第一,地理区位因素。庐山地处中国中部,耸立在中国黄金水道长江和中国最大淡水湖鄱阳湖之间。庐山脚下的九江历代就是重要的水运港口,也是重要的战略要地。这样的地理区位可谓一山飞峙,俯视万里长江,侧影千顷阔湖。无论是在经济、政治和文化上都具有巨大的区位优势。地理区位成为近代庐山牯岭开发的重要原因之一。

第二,气候因素。庐山位于东经 $115°52'—116°8'$,北纬 $29°26'—29°41'$,亚热带东部季风区域。最高峰汉阳峰海拔 1474 米,山地气候特色鲜明。尤其是在夏季,庐山平均气温 23—26℃,比山下九江市约低 7—10℃,与同纬度平原、盆地相比,庐山恰似一片热浪中的"凉岛",而周边的武汉、南昌等地就如"火炉"。从一年四季来说,冬无严寒,夏无酷暑,春秋宜人。按照国际通行的气候舒适度标

---

① 赛珍珠:《庐山的重要意义》,见[美]保罗·谢瑞茨主编:《庐山忆旧》,第142页。

准评价,庐山全年气候舒适度适宜。

第三,交通因素。在以水运为主的时代,庐山因依靠长江和鄱阳湖,交通便利。近代的九江航运业非常发达。1916年,"南浔铁路"开通,使庐山成为近代江西"南昌—九江"南北发展轴线上的一处重镇。此外,庐山周边的公路交通也不断完善,早在1910年或者1916年就建成了"九莲公路"。①

第四,传教士的活动。第二次鸦片战争之后,中国与西方国家签订了保护传教士进入内地传教的条约内容,传教士获得在中国内地传教的权利。19世纪末到20世纪初,西方传教士的活动兴盛,来华传教的人数大为增多。教会史著述常将1901年到1920年这段时期称为西方教会在近代中国发展的"黄金时期"。这段时期西方基督教在近代中国的主流城市和新兴城市的教堂建筑、教会大学、教会医院、教会慈善机构等基督教公共事业发展迅猛。然而,西方人不太适应中国夏季的炎热气候,当然希望找到一个能避暑的地方。长江一带每逢夏季更是炎热难堪。庐山就是在这样的背景下被西方传教士开辟,带动了庐山别墅、教会住宅、教会教堂、教会学校、教会医院等的建设和兴盛。

第五,庐山人文自然资源。庐山有着丰富的人文和自然资源,这也是庐山牯岭开发的重要因素。庐山的自然风光以雄、奇、险、秀闻名于世,素有"匡庐奇秀甲天下"之美誉,具有旅游观赏价值。人生活在这样的环境中,既有利于养生,也陶冶性情。况且,庐山文化底蕴深厚,自古就是隐逸名山、宗教名山,在民间文化中具有相当大

---

① "九莲公路"自九江至庐山北麓莲花洞地区,约12.5公里,为自九江上山的必经之路,自九江市新坝街,经沙子墩、十里铺、徐家竹林、庙(妙)智铺、彭家河,达莲花洞。1909年两江总督张人骏、江西巡抚冯汝骙拨银5万两,委江苏候补道陶森甲办理修筑,1910年建成(另说1916—1917年,吴宗慈)。

的影响力。传教士们选择这样的地方居住,同时也可以传教,并且可能更有影响力,可谓是一箭双雕的效果。

庐山牯岭的开发,使得本来很清静的山林荒地热闹起来。虽说以往时代庐山就很有名气,但终究是以归隐为其基本特质。近代庐山的开发,使得山巅形成了一个类似租界的小城市,一个具有万国风情的特殊社会。这对九江地区以及庐山本身带来的变化是巨大而深远的,并无疑是后来成为"政治名山"的基础。

第三章
近代九江的外来文化

1858年6月,中英《天津条约》约定开放内地长江沿岸三地为通商口岸。1860年12月1日,英使照会清廷:除镇江外,欲先赴汉口、九江两处通商。太平天国战事结束之后,长江沿岸的开埠工作开始展开。

九江素有"赣北重镇""江西门户""七省通衢""三江门户"之称。虽然九江在行政上属于江西,但由于地处长江中游而在政治、经济和文化等方面都是具有全国意义的重要港口。明代中后期,九江就已经成为与芜湖、无锡、镇江齐名的"米市",并兴盛于清康乾之际。殖民者欲在内地沿江地区通商,看重九江并将其开辟为通商口岸是顺理成章的事情。

第一节 九江通商口岸的开辟

1858年6月,中英《天津条约》签订后,中英双方在上海继续就贸易章程和税则进行谈判。有意思的是,条约中让清政府丧失了很多主权和利益的条款都得到了批准,唯有一条清政府坚决不同意,那就是允许外国领事直接驻扎北京。英国驻华全权代表额尔金(J.

B. Elgin)①在这个问题上做了有条件的"让步",他在致中方代表桂良的信中说:

> 以下述一节作为他的意见提请(英国政府)核夺:如果在来年换约的时候,女王陛下的大使能在北京受适当的接待,并在所有其他的细节上,天津所议定的条约都能获得全部实施,那么就训令女王陛下的驻中国代表在北京以外的其它地方选择一驻扎地点,或按期访问京师,或仅视公务上的需要随时前往,这确乎是允当的。②

作为这项让步的一种特别酬谢,中国方面同意额尔金伯爵可以获得直溯扬子江而上游历汉口的种种便利,以便使他能够选定三个口岸,一旦沿江"贼匪"肃清就辟埠通商。1858年11月8日,额尔金带领四艘军舰沿江而上,于12月6日抵达汉口,次年1月1日返回上海。途中,在南京以及安庆曾与太平天国军炮战。美国史学家马士引用的一条资料很有意思,外国人的观察表明,老百姓对改朝换代并没有什么愿望,其实那都是某些利益集团裹挟百姓加入残酷的权力争斗,兹再引如下:

> 他(指额尔金)察觉"人民的一般态度并不证明对朝代之争任何一方有多大的热情",但大体上人民对于叛乱的感觉却

---

① 额尔金,英国贵族封号,1633年6月将其颁赏给声名显赫的布鲁斯家族。布鲁斯家族承袭这一封号的共有11人,其中广为人知者,一是劫掠希腊帕特农神庙的第七代传人托马斯·布鲁斯,二是火烧中国圆明园的第八代传人詹姆斯·布鲁斯(James Bruce)。

② 转引自[美]马士:《中华帝国对外关系史》第1卷,第603页。

类似他们对于地震或瘟疫或其他任何天灾的情形一样。①

以私人身份随同额尔金探访长江的俄理范(Larence Oliphant)还留下了有关九江的现场目击记录:

> 我们发现它糟糕透了。一条孤零零的坍毁了的街道上,只有几个不为人注意的店铺,就是这个曾经红红火火和人流如织的城市所有的一切,周长五六英里的城墙所围成的庞大面积内的空地上,除了乱石、野草和菜园之外别无他物。②

九江曾经"人流如织",战火让生灵涂炭,这是太平天国军与政府军反复争夺九江造成的令人扼腕的后果。

额尔金此行曾于11月29日停靠九江,次日赴汉口。12月22日,复回九江,26日额尔金以"八里江一带水浅,大船不能过去,暂泊九江河下守候,来春水涨开行"③为由,留下两艘大船和船上367人,而另率两船离去。留守两船泊于九江近一月,至1859年1月才离开。额尔金此行选定了镇江、九江和汉口三城为沿江开放口岸,镇江立即开放,其他两处则等待把沿江的"叛军"(太平天国军)肃清后再开放。

---

① 转引自[美]马士:《中华帝国对外关系史》第1卷,第605页。
② Kenneth Bourne and D. Cameron Watt eds, *British Documents on Foreign Affairs, Reports and Papers from the Foreign Office Confidential Print*. Part 1, Series E, Asia, Vol. 19, Doc. 131, University Publications of America, 1994. p. 430. 转引自徐新民、康春华:《九江:一个晚清城市的开放与纷争》,见刘海岩主编:《城市史研究》第22辑,天津社会科学院出版社2004年版,第157页。
③ 《江西巡抚耆龄奏英船停泊九江情形片》,见齐思和等编:《第二次鸦片战争》第3册,上海人民出版社1978年版,第579页。

1860年11月,英国驻华公使普鲁斯(F. W. A. Bruce)依据《天津条约》,照会清政府恭亲王奕䜣,将赴汉口、九江两处开埠通商。清政府同意并委任江苏巡抚薛焕署理钦差大臣,督办沿海五口及长江三口通商事务,并指令薛焕会同湖广总督官文、江西巡抚毓科筹办汉口、九江通商事宜。"惟汉口、九江两处,系通商创始,所有一切章程,必须按照条约,与之妥为商定,毋令别生枝节,以期永远相安。"①江西巡抚毓科亦觉事关重大,于1861年1月向清帝奏报:"九江通商,事属创始,关系甚巨,恐非九江关监督一人所能办理。"随后,清廷又派江西布政使张集馨到九江会同筹办开埠事宜。

1861年2月24日,英国驻华使馆参赞巴夏礼(H. S. Parkes)和海军中将贺布(James Hope)受其公使委派,带着领事许士(P. J. Hughes)等率舰队自吴淞出发察看镇江、九江、汉口一带江面情形。3月3日、8日、9日,陆续有7艘货轮到达九江。巴夏礼与许士向道台兼九江关监督文恒、署九江府知府程元瑞陈明在九江租地、派领事官许士留驻九江以办理通商等事项,并提出前往南康(今星子县)、饶州(今鄱阳县)一带查看水势及地方情形的意图。随后巴夏礼与贺布先去汉口办理通商事宜。

在处理完汉口开埠事宜后,巴夏礼等又回到九江。3月25日,通过谈判,巴夏礼同张集馨达成了《九江租地约》:

大清钦命江西等处承宣布政使司张;
大英钦差大臣右参赞兼理领事事务巴;
为立约永租地基事:现在英国遵照和约来九江通商,应定

---

① 《军机大臣寄钦差大臣官文等已准英国先在汉口九江通商著悉心妥办上谕》,见齐思和等编:《第二次鸦片战争》第3册,第308页。

地段，以便英国商民盖造房栈居住。今江西巡抚部院毓，派委本司会同本参赞查看，定准九江府西门外地方，自龙开河口起，沿大江往东，至思口之西十三丈止，量得共长一百五十九丈，进深一带六十丈，经本月十五日本参赞会同九江府、德化县定界，立明四至，共合地基一百五十亩。每亩应完地丁银一钱零三厘，每年共应完地丁银十五两四钱五分，遇闰月加银七钱七分二厘；每亩应完兵米四合二勺七抄七撮，每年共应完兵米六斗四升一合五勺五抄，每石交代章程折银二两四钱，共银一两五钱四分。再每年地丁内尚有耗银一两五钱四分五厘，遇闰月加耗银七分七厘，大共每年应完地丁、正耗、兵米，折价共银十八两五钱三分五厘，遇闰年共应完银十九两三钱八分四厘。现议将此地永租与英国官宪，分为英国商民建造房栈居住。所应如何分段并造公路、管办此地一切事宜，全归英国驻扎九江府领事官专管，随时定章办理。每年四月内由英国领事官将以上地丁、正耗、米价银两，如数清交德化县查收，方可永租无异，则该地原业户等尽免输纳。所有界内民房、铺户、棚寮等间，即应计明间数开册。自定此约之后，不准民人在于界内再造铺屋等间。俟领事官用地之日，即会同本府、县随时传集本房屋地主，呈验地契，当面核算，分别地基、房间大小等次，由官按照地势定银若干，不准百姓高抬价值，亦不许英商任意发价勒买；总以两不吃亏，而昭平允。一面领价，一面拆房交地，永为英国之业。此议之后，两无异词。现立租约两纸，各执一纸存照为凭。此约本参赞画押为凭，俟钦差大臣批准后，再盖九江府领事官印，此照。

现因本参赞尚未熟悉地方情形，立约之日，本司、参赞当面言明，如一年之内，两国大宪查有别处地方较于九江府开设码头更属妥协者,则在该处地方会同地方官再行勘量地基。其新地立约承租一切,自必遵照此约一律办理,即将原定地基退回不租。

咸丰十一年二月十五日
一千八百六十一年三月二十五日
在九江府立约①

  租约内容所规定的租地开发过程估计与今天的城市开发商搞的那套东西差不多。租约的最后还说可以另行选址,估计殖民者对这个租地不是十分满意。据说开始殖民者是想租鄱阳湖与长江的交汇处湖口,但由于清政府以那是与太平军作战的战略要地为由拒绝而作罢。

  英国人的租地上原来有三百多户,还有厘卡和铺面。在拆迁补偿安置等问题上,当地政府擅自为这些老百姓做主,引发纠纷就不可避免了。据记载,1861年3月,民间传闻英国人将逐出房主,不给补偿,引起了租地上原居民的愤怒。3月28日,当许士一伙到租地履勘地基、订立界面的时候,有"游勇聚观喧嚷",并拾石掷打侵略者。"被英国设立码头,尚须拆让房屋,心怀不甘"的居民于4月6日、4月11日,"前至该领事官署前窥伺,因被守门人役拦阻,互相推撞,击碎大门,闯入卧室,旋即一哄而放,并未攫取衣物"。事后,英大使照会清政府:"倘若此后再有如此妄为,诚恐难免用武保安。"并要求清政府追究江西"文武各大吏"的责任和采取防止"照

---

① 《九江租地约》,见王铁崖编:《中外旧约汇编》第1册,生活·读书·新知三联书店1957年版,第157—158页。

前失当"的措施。清政府回应"从严惩办,决不宽贷"。① 此类事情在以后租界开辟中肯定时有发生,但官为保住政权和地位怕洋人,民又斗不赢官,只能苦了老百姓。

英国人租地后,美国人也跟随而来。1861年10月,美国旗昌商行强租琵琶亭附近地80亩。20世纪初,日本也在英国租地之西建立了日租界。② 法、俄、德、丹麦、荷兰、西班牙、比利时和意大利等国势力也相继进入九江。

按照西方学者西甫·里默的观点,中国因签订外交条约而被迫开放的贸易口岸可划分为三类:第一类,"在那里,有完全通商的权利,可以设立领事馆,有一个海关衙门"。这一类是标准条约口岸。第二类,"在那些城市里,一般是没有海关衙门的,没有领事馆,外国人是不应该在那里永久居住的"。这一类虽说亦属口岸,但多数不沿海甚至也不沿江。第三类,"沿着长江和西江的某些地方,有所谓访问口岸。在这些商埠,外国公司的轮船可以为着装货载客而在那里停泊,在另外一些这样的商埠,该轮船只能为载客而停泊"。③ 九江属于沿江的"标准条约口岸"。

第二节 九江租界和海关概况

英国人在九江租地后,九江正式开埠,商业码头、公司以及城市市政建设逐步开展并繁荣起来。学者称九江开埠是九江乃至江西省近代化的开端。

---

① 陈荣华、何友良:《九江通商口岸史略》,江西教育出版社1983年版,第156—157页。
② 陈荣华、何友良:《九江通商口岸史略》,第11—12页。
③ 转引自杜语:《开埠史话》,社会科学文献出版社2011年版,第1页。

据同治年间摊丁保甲册所做的统计，整个德化县有56100户、232700口人。① 从1861年到1862年秋，不到一年的时间，九江市的人口从1万增到4万。1900年前后，城、郊著录人口共计53000人，但这个数字受到外人的怀疑。1866年租界中的外国侨民，除海关低级雇员外，有20—25人，其中有一名传教士和一名医生。英国领事是唯一常驻外交官，其余缔约国由商人临时兼任领事，他们的日常事务由宁波和广东的买办协助办理。由于社区人数有限，无法组织俱乐部等常设组织，但是经常组织体育活动，包括跑步和射击等，赛跑会一年举行两次。外国侨民1891年为101名，1901年上升到125名，和19世纪60年代相比，有了明显的增长。这125人分别来自英、法、丹、美、俄等十个国家，英国人人数最多，占总人数的一半以上，还首次出现了外国的妇女和儿童。

1862年4月15日，外国租地人会议选举了一个市政委员会（工部局），即第一个租界管理机构，负责道路的修筑和其他政务。短短数年间，市政建设就初具成效。具体组织的活动有：在两年内耗资17000两白银加固江堤和修建栈桥；安装照明和排水设施；组建巡捕。洋街错落有致，只是由于规划上的疏漏，与府城的道路没有衔接好。

在19世纪末20世纪初的二十余年时间里，九江市政建设有了更大的进展。租界道路、照明和警务都有了相当大的改善，并改建了城市排水系统，海关在港口和航道上设置了灯塔。

1895年，工部局筹银2500两，启动填平溢浦港的工程，预计用三年时间在填平的土地上建成一个公共体育场（Public Recreation Ground）。尽管地面填高了约1.2米，但是地势依然太低，一阵大雨

---

① 达春布主修：《（同治）九江府志》，清同治十三年刻本，食货十四·户口。

就把它变成了一片沼泽,体育场的计划就此告吹。①

一、建筑

九江租界内的欧式建筑据说在风格上优于上海。九江邻县烧制的砖块品质优良,在建造西洋建筑上远远胜过上海砖。常年前往九江办差的夏燮在同治四年(1865)刊行的《中西纪事》中这样描述道:"余频年奉差赴浔,西门外洋楼绵亘,一如沪中。"②这些密密匝匝的洋楼多数是商业建筑,还有英国领事馆、海关(俗称"洋关")等行政机构以及多所教堂。如今还可以看到的建筑有:

1. 美孚洋行旧址。位于滨江路28号,该公司在九江的办事机构建于1910年,是20世纪初古典复兴时期的典型作品。

2. 日本领事馆。位于溢浦路12号,建于1912年,共两栋建筑:一为办公楼,砖、石、木结构,共二层;二为领事馆公寓,砖木结构,东西向,二层四坡顶。

3. 太古洋行九江分公司旧址。位于滨江路37号,建于1866年。当时该洋行拥有轮船80艘,载重量共计169000吨,辟有上海、汉口、香港三条干线,19艘轮船常年航行于九江和沿海各大通商口岸之间,是最先进入鄱阳湖经营航运的外国公司。

4. 美孚洋行金鸡坡油库办公室楼旧址。位于滨江路金鸡坡,建于1910年和1915年。红砖机瓦,四坡顶。楼建在约3米的基台上,底层立面由九根红砖砌筑的立柱支撑,上部拱券,组成四周回廊,两侧半圆与山面廊柱相接。楼高两层,上下布局相同。

5. 日本台湾银行旧址。位于溢浦路14号,建于1911年,红砖

---

① 徐新民、康春华:《九江:一个晚清城市的开放与纷争》,见刘海岩主编:《城市史研究》第22辑,第160—162页。

② 夏燮:《中西纪事》卷3,岳麓书社1988年版。

机瓦,四坡顶,二层楼前有大小阳台五个,东西设两个大门,大门两侧有螺旋饰头立柱,其建筑风格受西方影响很深。

6. 九江天主教堂。位于庾亮南路 34 号,清同治年间由法国传教士创建,它是自 1863 年天主教传入九江后市区内最早的一座教堂,教堂坐南朝北,为砖木结构的哥特式建筑,前半部分为塔式钟楼,后半部分为礼拜堂。

7. 九江修道院。位于庾亮南路 1 号,毗邻能仁寺,建于 1931 年,砖木结构,青砖红瓦,四坡顶,木构屋架。

8. 同文中学教学楼旧址。位于庾亮南路 48 号,建于 1881 年,砖木结构,红机瓦屋面,四坡顶。建筑入口处由左右四根极具异国情调的立柱组成门廊。内部空间空旷,角线简略,体现了西式的建筑风格。

9. 儒励女中教学楼旧址。位于庾亮南路 47 号,建于 1907 年。建筑入口由六根高 7 米的方柱组成半圆形门廊,建筑底层为地下室。其外墙为水洗石仿花岗墙面,余层皆为青砖墙,门窗用料硕大,窗框砌成的角线形式多样,构成了建筑立面上的西方建筑风格。

10. 生命活水医院大楼。位于庾亮南路 56 号,建于 1928 年。底层为地下室,青砖铁皮红瓦,双坡顶,屋面陡峻,其上设有屋顶窗与壁炉烟囱,建筑墙体厚实,室内平面为单廊式布局,空间宽敞,光线充足,门窗用料大,外貌壮观,有较明显的西方建筑风格。[1]

二、九江海关

九江海关设立之初由上海海关代征关税,并转交江西。1962

---

[1] 参见吴宜先:《九江城市历史及景观变迁》,长江出版社 2007 年版,第 148—158 页。

年,总理衙门允许九江海关直接征税并委派郝德①前来会同办理相关事宜。12月28日,赫德从汉口顺流而下来到九江,以江汉关征税章程为基础,与江西及九江的有关地方官员议定了九江海关正式开关征税的有关事项。九江的"洋关"②正式成立。

九江海关全称为"九江海关税务司使署",直接归总税务司署垂直领导,不受地方衙门干预。九江关税务司使署内设内班、外班、海班、理船厅、灯塔处等机构,分别管理税务、航运、缉私防漏等方面事务。其具体职责有如下三个方面:1.征收关税;2.监管港口;3.治理航道。九江海关的管理范围是上起武穴下至江宁(今南京)。光绪九年(1883)重新划分管辖范围,管辖上起湖北田家镇下至安徽安庆的一段区域。

在九江海关税务司使署内还设有德化(今九江市)厘金局,下辖兰桥分卡、新港分卡、姑塘分卡(此三处收陆路税金)和二套口厘卡、新堤厘卡、小池口厘卡、大姑塘厘卡(此四处收水路税金)。此外,还设有姑塘分关,下辖梅家州分卡、百石嘴分卡等。同时,九江常关的老马渡分卡、北关洲分卡、八里江分卡等亦归九江海关统管,控制着九江所有的水路和陆路,成为外国人掌管九江经济的权力机

---

① 郝德(Robert Hart),1835年生,英国北爱尔兰亚马郡人。1854年9月来到中国,初任英国驻宁波领事馆见习翻译。1863—1911年任中国海关总税务司。1864年赫德被授予按察使衔(三品);1869年被授予布政使衔(二品);1881年被授予头品顶戴;1885年被授予双龙二等第一宝星、花翎;1889年被授予三代正一品封典;1901年被封太子少保衔。赫德病故后,清政府追封赫德为太子太保。为了表彰赫德维护英国在华利益所做的贡献,英国政府于1879年授予他圣迈克尔和圣乔治十字勋位爵士,1889年授予圣迈克尔和圣乔治大十字最高级勋位爵士,1893年封他为男爵。1908年,73岁的赫德告假回国。1911年9月20日,赫德病死于英国的白金汉郡,至死才卸任。

② 人们把原来征收船钞的户部关叫做"常关",新设的海关征收洋货税关,有洋人充当关员,所以被称为"新关"或"洋关"。

构。据《中国海关1925年贸易总册》统计,1924年时九江关征税额高达798096两。可见,其收税额是相当惊人的。税务司为海关的最高负责人,由总税务司直接任命,并对总税务司负责。九江的税务司统管海关一切关务,管理关内的人事升迁和考核录用,代行外事和向总税务司报告驻地的情况。起初九江海关各种工作人员不足百人,光绪十年(1884)已超过百名,到1926年时九江海关各类工作人员已达296名。据史料记载,自1876年至1936年,在九江海关任正税务司和代理税务司的人员,见下页表[①]。

三、九江洋行

九江开埠通商后,美国、英国、德国、法国、丹麦、荷兰、意大利、挪威、日本等外商轮船公司纷纷进入长江经营航运和进出口贸易,大量倾销洋货、采购农副土特产品,促使九江进出口贸易大幅增长。同治四年(1865),进出口贸易额为952.6万两,光绪八年(1882)增至1237.5万两。进入20世纪20年代,九江的进出口贸易额直线上升,最高的民国十八年(1929),曾达7015万两。出口商品除传统商品外,大多数为初级加工产品和工矿原料产品。[②]

1862年,旗昌轮船公司在上海成立,当年即在九江设立分公司,该公司是第一家在九江设立分支机构的外国轮船公司,且发展迅速,很快成为长江航道上实力最大的航运集团。1877年,旗昌轮船公司高价卖给中国的轮船招商局,招商局九江分局接管旗昌公司在九江的资产。

[①] 资料来自九江港务管理局编:《九江港志》,九江港务管理局1998年印,第249—251页。

[②] 九江市地方志编纂委员会编:《九江市志》第3册,凤凰出版社2003年版,第87页。

姓名	国籍	职务	到职时间	姓名	国籍	职务	到职时间
穆和德	英	副税务司	1876	穆厚达	美	税务司	1911
葛显理	英	税务司	1877	巴尔	俄	税务司	1914
古罗福	美	税务司	1880	魏尔特	英	副税务司	1915
辛盛	英	税务司	1883	单尔	英	税务司	1918
穆意索	法	税务司	1889	来安士	英	副税务司	1918
李华达	英	税务司	1893	罗祝谢	葡萄牙	税务司	1920
穆好士	美	税务司	1894	威勒鼎	英	副税务司	1921
马根	美	税务司	1895	唐嘉敦	英	税务司	1924
许妥马	英	税务司	1898	古禄编	德	税务司	1925
纪默理	英	副税务司	1898	津田俊太郎	日	副税务司	1925
华善	英	代理税务司	1901	实相寺敏雄	日	副税务司	1926
司必立	美	税务司	1902	弼素乐	英	税务司	1928
白莱寿	英	代理税务司	1904	江中原	日	税务司	1929
李明良	英	税务司	1905	贾德	比利时	税务司	1930
甘博	英	税务司	1910	穆尔	英	税务司	1936

1863年，俄国人在九江建立了丰顺砖茶厂，这是最早在九江建立的外国工厂，它隶属于俄在华企业丰顺公司，生产并出口砖茶。

1867年，隶属于英国伦敦"中国航业公司"的太古洋行成立。该行常年航行在长江与沿海各通商口岸。1875年，太古洋行在九江租买地皮，设立分公司，并在英租界内滨江路安设码头。太古九江分公司实力强大，业务兴旺。除从事航运外，还经营进出口业务，其出口以茶叶、瓷器、鸡蛋、皮革为主,进口以棉织品和日用百货为主。

1882年,隶属于英国"印度中国航运公司"的怡和洋行开辟长江航线,怡和轮船公司在九江所设机构名为"怡和轮船公司九江代表处",也叫九江怡和洋行。代表处共有办事员十多名。怡和除从事航运外,兼营进出口业务,出口主要为茶叶、瓷器及土特产品,进口为棉织品和日用百货等。

1907年,日清汽船株式会社组建。这个公司开始只在长江航线上活动,后来拓通了华南沿海航线。日清汽船会社本部设在东京,在上海、汉口设有支店,在芜湖、九江、长沙、宜昌、重庆设有子店,九江子店后升为支店。日清除经营长江航线外,还开辟了九江至南昌线,是继太古公司之后把航运范围扩大到江西内河航运的又一家外国轮船公司。

1901年,在九江海关内,由税务司兼任邮政司,开启了九江的现代邮政事业,为江西邮政事业之始。1909年,九江邮政局脱离九江海关,成立九江邮政总局。

学者陈晓鸣根据相关资料,统计了九江开埠以后进驻的外国洋行和公司[①]:

国别	名称	开设时间	经营范围
美国	旗昌轮船公司	1862	轮船运输、货栈、进出口贸易
美国	琼记洋行	1862	进出口贸易

---

① 陈晓鸣:《中心与边缘:九江近代转型的双重变奏》,上海师范大学博士学位论文,2004年5月,第47页。

国别	名称	开设时间	经营范围
俄国	丰顺砖茶厂	1863	茶叶收购与加工出口
英国	怡和洋行	1864	轮船运输、货栈、进出口贸易
英国	太古公司	1873	轮船运输、货栈、进出口贸易
俄国	新泰砖茶厂	1875	茶叶收购与加工
英国	汇丰银行	1879	金融、汇兑、存贷业务
英国(合资)	鸿安商轮公司	1888	轮船运输、货栈、进出口贸易
日本	大阪商船株式会社	1898	轮船运输、货栈、进出口贸易
英国	顺昌洋行	1899	进出口贸易
德国	瑞记洋行	1900	轮船运输、进出口贸易
日本	东京公司	1900	收购加工鸡蛋出口
俄国	阜昌砖茶厂	1901	茶叶收购加工
英国	英美烟草公司	1902	收购烟叶、推销香烟
法国	亚洲航运公司	1903	航运、进出口贸易
日本	日清汽船株式会社	1907	长江及江西内河轮船运输
美国	美孚石油公司	1910	煤油经销
日本	台湾银行	1913	金融、汇兑、存贷款业务
英国	亚细亚火油公司	1915	煤油经销

据不完全统计,1864年九江有14家英国洋行,1866年有8家英国商行、3家美国商行。租界划定之初,地方官"即令英国砌墙,居民挖沟分界",希望华洋壁垒分明,划界而治。但是,洋行教会却

不理会地方官,私自购置民房地皮,建筑越出界址,逐渐形成华洋杂居的局面。在这座城市里,出售洋货的商店随处可见,也有许多传统的手工业店铺以及农副产品市场,夹杂着肉铺、鱼市、鸦片窟和铁器店,郊区散落着瓷器店、银货铺等。土洋并存、新旧杂生正是晚清九江城市风情和社会生活的真实写照。

这一时段比较突出的是公益事业和近代文明的传入,其表现为:

第一,工业化程度提高。外国人开始在九江办厂和修路。1904年,创办江西商办铁路公司,修建南浔铁路(南昌至九江),全长135公里,1916年全线通车。1909年,兴办江西第一条公路九莲公路(九江至莲花洞),第二年竣工,全长13公里。1909年岁末,九江举办了一次工业展览会,陈列了许多地方特产,为期约两周。展览会引起了轰动,每日门庭若市。

第二,医疗卫生事业得到长足发展。1880年6月8日(光绪六年五月初一),法国天主教传教士董若望在九江海关附近创建了一所医院,延请英国医师,免费收治病人。开设七个月,仅初次就诊者就有1429名,所谓"贫民来院就诊者,络绎于路,日无宁晷"。根据1905年《东方杂志》的记载,九江南门城内有美国同文书院一座、育婴堂一所,城内仓巷南有美国圣公会开设的妇幼医院,城内正街建有一所洋式化善堂。租界的卫生官员倡导过灭蚊等卫生改良运动。

第三,赈灾。由于地理位置的原因,九江经常遭受洪灾,赈灾是市政和社会公益事业的重要内容之一。以1901年夏季的大洪灾为例,长江水位一度达到13.6米,是开埠以来的最高水位。整个租界、府城和郊区的大部分都变成了一片汪洋,堤坝溃决,许多人畜被急流冲走,四处漂浮着尸骨,受灾的具体人数无法统计。接踵而来的疾疫和饥荒更是夺去了多人的生命。九江英领事馆从上海募集资金,在传教士的协助下,在租界向灾民发放粮款。外国人还提出了以工代赈的方案,计划通过筑路和修堤疏解饥民,只是由于障碍重重而被迫放弃。

第四,电讯和邮政。西方的电报技术是在光绪初年引进中国的。19世纪80年代,电报向内地推广。长江电报线的架设以各个通商口岸为要点,1884年5月,电报线经过湖口架设到九江。农夫最初不识电柱,以之拴系牛马,每每折损器材。官府添置巡勇,巡查保护。电报的传入极大地提高了通讯效率,便于公文传递,只是在九江腹地的推广步伐迟滞,商业利用的程度不高。

中国近代邮政最初是由总税务司赫德主持的海关仿照西方创办的。1895年,九江开办送信官局(Local Post Office),两年后被新设的大清邮局九江分局取代,成为官方邮政机构。民间一开始对新的邮政制度很不适应,出现了一些令人啼笑皆非的趣事,人们不知道怎么粘贴"神秘"的邮票,不理解为什么大清邮局拒收把正文写在信封封皮上的信函,对由发信人付邮资也感到新鲜和不信任。

九江通商口岸的开辟是九江以及庐山地区走向近代化的开端。由于近代工业、建筑、通讯和交通的发展,九江人的生活方式发生了巨大的改变,经济发展也上了一个新台阶。

1927年1月,国民革命军北伐占领武汉,国民政府也由广州迁至武汉。武汉中央军事政治学校成立宣传队。1月3日下午,政治科学生30余人组成的宣传队在江汉关码头宣传讲演,与英租界的印度巡捕发生冲突。当晚,以码头工人和海员为主体的群众向英租界集中,在工人纠察队的带领下,集体冲进英租界。国民革命军一部开入汉口英租界。4日,英国水兵撤退江岸。同日,武汉各界在总商会议定对英办法,并请政府向英领事提出严重交涉。5日晚间,国民政府成立英租界临时管理委员会,由外交部长陈友仁任管委会主席,主持英租界一切公安、市政事宜。2月9日,英政府被迫与武汉国民政府签订协议,无条件将汉口、九江租界归还国民政府。

第三节 外国人在九江开办的学校和医院

九江开埠通商后,外国人大量进驻九江,尤其是传教士的到来,在九江兴建了许多医院和学校,对九江地区的文化教育和医疗卫生事业产生了重要影响。

一、学校

(一)九江仁慈堂保守学堂

1863年,法属天主教为增强传教的诱惑力,在庾亮南路开办"仁慈堂",开始由天主堂或医院兼管事务。1887年,巴黎的仁爱总会派来5名法国籍修女来管理仁慈堂,主持人胡培德。她们在南门口购置地基和房舍,附设孤儿院,收容无父无母的孤儿,开始收有20余名孤儿。孤儿长至一定的年龄后,增设针线房,让孤儿学习并从事针线刺绣等手艺,以增强其谋生能力。1898年,仁慈堂内增设"残废院",1904年又增设"贫民免费医院"及"施诊所",免费施诊赠药。1918年,法国籍修女布雷斯接任院长,大力发展慈善事业,办托儿所,并设"保守学堂"(义学)。1933年,法国籍修女董静修继任院长。直至九江解放初期,仁慈堂中尚有女性老人20余人、孤儿66人。仁慈堂的婴孤由院方聘请奶妈喂养,有的送出去由奶妈代养。抗日战争期间,由于经济来源减少,婴儿生活艰难,常用以大带小的方式来减少开支。当孤儿进入学龄时,便给予一定程度的教育。在文化知识方面教授教规、教义、教理及经文等内容,大部分婴儿在离开孤儿院前对经文都能背诵如流;在生活技能方面,学习刺绣、编织、烹调、缝纫等手艺,一般日常生活技艺都能掌握。孤儿院的婴儿成人后,院方为他(她)们寻找配偶,规定凡娶仁慈堂长大的女子为妻者,必须是天主教教徒。如果未奉教,必须立下保证书,于短期内入教方可婚娶。仁慈堂的经费由设在法国巴黎的仁爱总会、国际男婴会及全国天主教福利会转来。①

中国人民救济总会编的一个小册子《帝国主义残害中国儿童罪行》②(1951年4月编印)的第30—31页记载了九江的"仁慈堂":

> 九江"仁慈堂"设在城内南部,原是一八八七年帝国主义分子胡培德(法国传教士)创办的一个孤老院。现在里面却收容着一百二十三个孤儿,只有四十一名老太婆。门内大书"德被群婴""恩施赤子"等字样。然而,就在这些伪善的装饰后面,不知道藏着帝国主义多少罪行。
>
> 这所"仁慈堂"只收一岁左右的孤女,男的与大些的女孩便拒绝抚养。道貌岸然的慈善家们,从摇篮里起,便对这些纯真的小宝宝们,有意识地进行"教诲"。小孩们最早懂得的:一切都是"上帝"和"姆姆"的"恩赐"。由于长期蒙蔽、欺骗、毒化的结果,孩子们根本不知自己是中国人。活泼天真的孩子都被折磨成了没有生气的木偶人。他们平日不能越大门一步,甚至孩子们的言语也和堂外两样。济世小学萧海涛老师说:"九江人识别'仁慈堂'的孤儿,不用问,从口音就可以听出来。"但是这些能够养活的女孩已经是幸运的了(极大多数早就被虐待而

---

① 九江市教育志编纂委员会编:《九江市教育志》,中华书局1996年版,第81页。
② 此书没有正式出版,估计是一种宣传用的小册子。

死了),愚笨的做租界的劳动,成为纯被剥削的奴隶,聪明能干的都被培养成了修女或姆姆,长的好看的就是嫁给教徒(谈不到婚姻自由),而且娶孤女的男方必须付出若干代价。凡是能从事一些劳动的孤儿和老人,大部分时间都被劳动生产所夺去,种菜、养猪、牧羊、刺绣、织袜子绒衣和烧饭、跳水、带小孩、洗衣服,无所不做。但是孤儿和老人所换来的报酬,只是饥饿、疾病和死亡。孩子和老人每天吃两顿稀粥。住的房子也是潮湿阴暗的。长期营养不足和缺乏良好照顾,孤儿群中传染病流行,天花、白喉夺去了许多幼小生命,疥疮就像汗毛一样,普遍存在每一个孩子身上。

  九江"仁慈堂"办了六十年,被虐待而死的孩子,真是无法计算。仅据一九五〇年四月三十日,该堂负责人董静修(法籍姆姆)给九江市人民政府的报告,自一九五〇年四月,共收婴儿三百八十九名,就死亡三百零四名,近全数的百分之八十。这种完全违背人道主义,虐杀大批婴孩的机关,只有反动统治阶级不但不闻不问,还要歌功颂德。在毛主席领导的人民民主专政时期,是一天也不容许这种罪恶行为存在而置之不理。

新中国成立后,1952年7月19日,全国妇联主席蔡畅向国际妇联致函并附送中南区妇联关于严惩帝国主义分子主使虐杀中国儿童的呼吁书,在此呼吁书中提到:"根据初步统计,江西赣州市天主堂孤儿院共收婴儿4059人,死亡3415人,死亡占收进儿童总数的84%以上。九江仁慈堂收进婴儿389名,死亡304个,占收进儿童总数78%以上。"①

这些数据的真实性可能还需要考证。我把资料摘录在此,可以反映出当时对"仁慈堂"的一种态度。

(二)九江神哲学院

清道光二十六年(1846)江西主教区成立后,教务工作大为发展,教职人才需求增加,教会组织就积极筹措开办修道院,培植神父等事宜。清同治七年(1868),法国籍神父包得来在高安县三桥村创办江西主教区修道院,同年迁至南城县游家,清光绪四年(1878)迁往新建县吴城镇(后属永修县)。1886年,天主教将其神哲学院从吴城镇迁入九江,称"九江神哲学院"(亦称"九江修道院")。1937年又迁至庾亮南路57号能仁寺右侧的新址。该院担负着为江西所有教区培养教职人员的任务,是培养教职人员的高等学府,培养对象是具有高中文化且对教规教理有一定造诣的老教徒子弟。修生一般要在院学习七八年时间,晋铎时年龄不得低于24岁。修道院进修有文化知识方面的要求,学习课目有拉丁文、神学、哲学、教会历史等,大部分用拉丁文讲授;同时还有灵修方面的标准,必须立志献身教会,终生独身。该院院长先后由法国人董墨如、文豫略、濮爱贵、杜天任担任。在九江比较有名的神职人员胡钦明、邓重葆、罗四维等就毕业于九江神职学院。

(三)九江同文书院

1867年至1870年,美国基督教美以美会国外宣教总会派遣哈特、伊恩和霍尔前来九江开拓宣教事业。三人在城外滟浦路租屋数

---

① 当代中国研究所编:《中华人民共和国史编年(1951年卷)》,当代中国出版社2007年版,第511页。

栋做临时布道所,同时创办"埠阆小学"。1881年,哈特牧师回美休假,埠阆小学遂由海格恩牧师执掌。同年,美以美会国外宣教会又派哲学博士库恩非牧师及翟雅各牧师来九江,三人遂在九江南门口购置大片土地,建造校舍。不久,把埠阆小学迁来南门口,扩办为"九江同文书院"(Fowler Institute),正式兴办小学、中学二级体制的学校。专收男生,生源除江西的外,还有来自湖北、四川、安徽等地的。1881年,库恩非被美以美会九江年议会(The Annual Conference)任命为同文校长。1887年,改由其女库来地、库合地及留美华人朱美春执掌校务。1900年,九江人胡昌鹤、蔡德高牧师任校长,胡其炳任副校长。1906年,获得美国基督教美以美会的德籍人南伟烈的大笔捐助,更名为南伟烈学院,设置高等教育课程。1917年,由于经费困难及九江当地人的反对,大学部停办,复又更名为同文中学,更名后的同文为三三制联合中学,开设天文、地理、历史、外文、圣经等课程。确立校训为"读好书,做好人","好学近乎智,力行近乎仁"。到民国时期,美籍传教士张南伯被年议会任命为同文中学校长。①

(四)九江儒励女中

1872年,美国基督教美以美会国外宣教会又增派昊格矩及浩爱格两名独身女传教士来九江。1873年1月,两位女传教士在土桥口创办一所"女子半日小学"。1876年(又一说为1888年),"女子半日小学"自城外土桥口迁至桑林新址(今庚亮南路46号),更名"桑林书院"。1907年,为感谢美国信徒儒励女士对学校的大笔款项捐助,"桑林书院"更名为"儒励女中",附设女子小学。继美籍传

---

① 江西省地方志编纂委员会编:《江西省志·江西省宗教志》,第363—364页。

教士吴格矩之后,儒励校长先后为李恺德(美籍女传教士)、吴懋诚、聂灵喻、胡自华(以上三任校长为华人)。最后一任校长为吴懋诚。①

(五)九江诺立神道女校

1882年,美籍女传教士吴格矩在九江柴桑路创办一所"传道女校",专门招收未婚女子及寡妇,培训三个月后即出来往各牧区任女传道。后来美国教会拨款在九江仓巷甘棠南路购置土地十余亩,扩建校舍,1906年更名"诺立书院"(Knowles Training School for Women)。历任校长为胡遵理(美籍女传教士,1906年到1910年)、吴美德(美籍女传教士,1911年到1919年)、孙美壁(美籍女传教士,1920年到1928年)。1920年春,胡遵理与石美玉带走诺立书院二十余名教职工及毕业生往上海创办伯特利神学院。后诺立书院扩办学制为六六制,即六年小学、六年中学,改称"诺立神道女校"。第四任校长为毕安丽(美籍女传教士),第五任为华人李哲民,第六任校长为汤惠菁(汤韵)。②

这两所女子学校开江西女学之先河,培养了一大批女性人才和女子精英,把许多女性从封建禁锢中解脱出来,推动了社会风气的进步。

除以上学校外,外国人还在九江开办了如下小学和中学:

1908年至1910年,美国基督教美以美会于西起二马路、中经大中路、东至龙山路,即横贯九江闹市区,先后创办了翘志、翘才、翘

---

① 江西省地方志编纂委员会编:《江西省志·江西省宗教志》,第364页。
② 江西省地方志编纂委员会编:《江西省志·江西省宗教志》,第365页。

德、翘秀四所小学(后来称之为"四翘"小学)①。

1908年,瑞士传教士林子渔和美籍传教士高达德在九江东门口创办"安德烈小学",后迁入九江甘棠南路,1914年改为"圣约翰中学",附设"辅仁小学"。1927年,圣约翰中学停办。1938年,辅仁小学停办。

1934年夏,法国籍神父马崇道在九江环城路庚和里创办培德小学,专收男学生,可容纳180名学生。最初,校长由中国籍医生刘宪章兼任。1936年,又由天主堂神父胡钦明兼任。1940年秋,培德小学迁往城里天主堂,由中国籍神父夏雨任校长。1942年,中国籍神父张声远接任。1943年,设立初中部。1946年,教会将"培德"初中部与"益智女校"初中部合并为"济世中学",分设男生部和初中部,培德初中部成为"济世中学"男生部。②

1948年秋,中国籍天主教教徒郭荣华出资租赁属天主教教会房产的九江庆兰里(即培德里)五号房屋,并以法国籍神父马崇道的名字命名,开办"崇道小学"。1949年秋,与教会办的济世小学合并,但两个月后,崇道小学单方面退出并且停办。

此外,江西天主教教会组织还创办了一批"圣经学校",亦称"保守学堂"(或义学),教授经义,培养教会接班人。

(六)庐山牯岭学校

庐山牯岭开辟后,由于大量传教士和外国商人入住,为了让随同父母上山居住的孩子们接受教育,庐山牯岭建立了供孩子们读书

---

① 黄真:《九江教会办的"四翘"小学》,见中国人民政治协商会议九江市委员会文史资料研究委员会编印:《九江文史资料选辑》第6辑(内部资料),1992年,第17—21页。

② 黄集梅:《济世中学始末》,见《九江文史资料选辑》第6辑,第89—97页。

的学校。1916年,庐山美国学校建立,起初只有初中,后来曾设立高中。庐山美国学校学生人数最多的时候达一百多人。1937年,日本军队入侵,庐山美国学校停办。随后,英国人、法国人也在牯岭建立了庐山英国学校和法国学校等。九江以及武汉等地一些宗教团体也曾在牯岭建立学堂。

在庐山牯岭美国学堂读书的孩子后来回忆说,庐山美国学堂的教学水平基本和美国本土差不多,但是在中国待久了,社会和文化差异还是显示出来了。简·泰勒·斯拉宝有段很有意思的回忆:"1936年,我返回到美国,抵达旧金山的第一天,我的第一次教训是在一家卖五美分、十美分物品的商店里买梳子,当时我的脸上肯定挂着极不相信、疑惑不解的神色,嘴里一边嘟嘟囔囔不买,一边假装走开,内心却真切地希望售货员把我叫回来再谈价钱,但是他们没有叫住我。我意识到错了,但已经太晚了,为了保全'面子',只得继续走下去,最后真的离开了那家商店。十五岁的我被强行塞入美国的生活方式之中,这在心灵和精神上来说,是一种痛苦的经历。我觉得难以适应美国的环境,总是会把新事物的一些语言、行为和思想混淆,我最终还是决定把所有的属于中国人的思维方式放在一边,集中精力使自己完全美国化。"[1]一个在中国生活多年但是并没有完全生活在中国人的生活圈子中的外国人,由于受到社会风气的影响,回到本国后居然觉得难以适应。这是很有意思的一个话题。这是否在一定程度上说明,中西文化的差异以及相互融合的难度。

二、医院

外国人在九江开办的医院,将西医引进了九江。

1877年,法国天主教神父董若望在九江市滨浦路创办江西省

---

[1] 简·泰勒·斯拉宝:《杂录》,见[美]保罗·谢瑞茨主编:《庐山忆旧》,第85页。

第一所西医医院——圣味增爵医院。当时仅有3间病房,规模很小。1880年,法国神父陶文膳在原基础上又增加3间屋舍,规模略为增大。1882年10月27日,上海仁爱会派数名法国籍修女来九江掌管圣味增爵医院院务并兼管九江仁慈堂,自此规模逐渐扩大。医院的经费由上海仁爱会拨付,行政管理权也直接归属于上海仁爱会。最初十年,医院仅设施诊所、养老院、男孤儿院,后来逐渐增设免费病房、残废所,并设立有"保守学堂"。①

1896年,昊格矩女士在九江创办了但福德医院。但福德医院由芝加哥医生但福德捐款兴建,位于甘棠南路15号。昊格矩女士在儒励、诺立两女子学校挑选女生送美国学医,其中有石美玉和康成,她们学成回国后共同管理该医院,石美玉任院长。该医院设诊室15间,病床96张。同时创办护士学校,实行半工半读,石美玉兼任校长,毕业学生先后有百余人。1918年,美国爱德华州一残疾女子捐款创办慈爱残疾人之家,称贵喜院,由但福德医院代管,主要收留罹患小儿麻痹后遗症等残疾的儿童,多时达30人。

1904年,九江仁慈堂院长胡培德在仁慈堂增设"贫民免费医院",免费为贫困病人施诊赠药,进一步发展了仁慈堂的慈善事业,颇得九江市民好感,其经费随同仁慈堂经费主要由法国巴黎仁爱会总会、国际婴孤会及全国天主教福利会等机构提供。

1918年,美国传教士裴敬思创办了九江"生命活水医院",随他来华的还有二位美国基督教女教徒名叫溥大、溥二。此外,我国一些学者、牧师及医生如张济川、余凌云、王国楚、李大力、李汉民等人也参加了此医院的创办。医院内有门诊部、住院部等,并附设护理学校。院长一直由裴敬思担任。院址初设城区马王坡,次年迁大校

---

① 江西省地方志编纂委员会编:《江西省志·江西省宗教志》,第307页。

场,不对一般民众开放。1925年后,医院扩大,开始收治一般男性病人,并对灾民免费开放。1935年后,开始收治女性病人。日军占领后,医院遭到严重破坏,1940年被迫停办,1947年复业。

圣约翰医院是圣公会所创办,地址在九江东门口,原为辅仁小学校址。小学迁市内甘棠南路后,改办圣约翰中学,后又改为圣约翰医院。新中国成立后,改为171医院。

主要由教会创办的医院极大改善了九江地区的医疗条件,改变了长年以来"九江多疫""十室九病"的落后局面。曾在庐山美国学堂读书的希德·安德森有一段很温暖的回忆,他说:"每当我们去一个地方,总是能看见很多病人,却很少看到医院。记得有一年的10月份,我们花了一整天的时间到庐山脚下去给那里的村民接种预防天花的疫苗。我们分成两个队,每个队都配了一名中国学生,由他担任翻译,主要向农民解释接种预防天花疫苗海报上的内容,宣传接种疫苗的好处,还要向当地农民保证,接种疫苗不会耽误他们一整天的工作。"①

---

① [美]希德·安德森:《庐山——我的香格里拉》,第31页。

第四章
庐山地区的天主教

基督教传入中国,在明末清初到达一次高潮,但到清代中期经历了一百多年的禁教期。鸦片战争之后,教禁解弛,传教士大量涌入中国。

天主教在其历史发展进程中有着较为复杂的演变,概括起来具有以下特征:(1)天主教会对于教会的建制在传统上一直有很强的等级化理解,这种等级主要为教皇、红衣主教及主教。教皇对于整个天主教世界主教的任命有重要影响。在教皇去世后,红衣主教会举行秘密会议,来选举新的继任者。红衣主教来自教士或主教,由教皇提名,被委以特别的管理责任。(2)罗马城对于天主教精神特质的形成具有特别重要的意义。新教通常称这个教会为"罗马天主教",反映出罗马作为这个教会的核心所占有的重要地位。梵蒂冈城普遍被认为是天主教的精神中枢。(3)教会被看作是一个可见的神圣建制,其结构建立在神圣实在的基础上,尤其体现在对教会的教导权所占地位的理解上(通常称为"教权")。人们不能自由地解释《圣经》,有强烈的群体观念,它涉及基督徒的生活和教会的权威,这一点与20世纪和21世纪早期现代西方文化中已成为主流的个人主义形成尖锐的冲突。(4)天主教的教职人员在日常天主教生活中占据重要地位。天主教的教职人员不允许结婚,这是天主教与基督教其他派别的最大区别。东正教或新教都允许牧师结婚。

天主教的教职人员皆为男性。虽然妇女也被允许承担某些牧养或仪式上的职责（具体情况根据各地的不同情况而定），但天主教会目前仍然保持着纯男性的教职制度。（5）天主教非常重视礼仪，换句话说，教会所用的敬拜仪式是固定的，并被置于核心。它反映出这样一个信念，即教会祈祷和敬拜的形式与教会信仰的内容是紧密关联在一起的。①

鸦片战争后进入九江的天主教传教士主要来自法国的天主教遣使会（又名"味增爵会"）和仁爱会。该天主教修会由法国味增爵于1625年创立。前者早期在法国农村活动，后来向拉丁美洲、非洲和亚洲扩展；后者是女修会，以办慈善事业为主。与此同时，在九江传教的还有禁教期间一直潜伏在江西的天主教耶稣会教士。除此之外，方济各会和多明我会也有少数传教士在九江。②

第一节　庐山地区天主教传播概况

天主教是最早传入庐山地区的外来宗教。据记载，鸦片战争前，天主教传教士意大利人利玛窦（1552—1610）于1582年来华，明万历二十三年（1595）至南昌，建天主教堂。1596—1598年，利玛窦曾三次到白鹿洞书院讲学。清道光十八年（1838），法国天主教遣使

---

① ［英］麦格拉思：《基督教概论》（第2版），孙毅、马树林、李洪昌译，游冠辉校，上海人民出版社2013年版，第327—328页。

② 17世纪中叶，天主教会修会主要有：（1）耶稣会，由西班牙贵族依纳爵·罗耀拉于1534年创立，1540年经罗马教皇批准。1773年，教皇曾将耶稣会解散。但在1814年，教皇又批准恢复耶稣会。（2）方济各会，13世纪初意大利人方济各创立，主要宣扬"清贫福音"。（3）多明我会，13世纪初西班牙人多明我创立，曾主持异端裁判所残酷迫害进步力量，自称为"主的猎狗"。（4）遣使会和仁爱会等。详见顾长声：《传教士与近代中国》，上海人民出版社2013年版，第85—86页。

会代替原来的耶稣会,将江西、浙江合并为"宗座代牧区"①,其首任代牧主教为张导沅(1832—1845年在湖北、浙江、江西传教)。②。

1840年,江西从浙赣代牧区中分离出来,成立"江西代牧区",张导沅任江西代牧区首任主教。同治二年(1863),因受南昌教案影响,江西代牧区主教座堂迁至九江,设在九江的主教堂成为统领江西天主教教务的组织领导机构。在九江担任江西代牧区主教的先后有和广德(Bernardus Vincent Laribe)、田嘉璧(Louis - Gabriel Delaplace)、达尼库尔(Francois Xavier Timothee Danicourt,亦称顾方济)、安若望(Baldus)、戴济世(Franqois - erdinand Tagliabue, C. M.)和白振铎(Gerardus Bray)。

1879年,江西成为天主教第十三教区③,分为赣南(吉安)和赣北(九江)两个主教区。赣北教区驻九江,所辖为南昌府、瑞州府、九江府、南康府、饶州府、广信府、建昌府、抚州府及其所属各县天主教教务。赣北主教区由江西教区主教白振铎担任,随后郎守信、樊体爱、杜保禄先后担任主教。经过历次析分,至民国十七年(1928),九江主教府下设九江、南昌、瑞州三个总铎区,并有新建、进贤、奉城、高安、上高、靖安、修水、永修、德安、星子、湖口、都昌、孔垅、小

---

① 宗座代牧区(简称代牧区)是天主教会的一种教务管辖机构,设立于尚不足以达到成立教区资格的传教地区。其本质上是临时的,虽然有可能持续一个世纪甚至更久。它的最主要目的是培养足够数量的天主教徒,以能成立一个正式的教区。宗座代牧区由宗座代牧领导,通常由一个领衔主教担任。根据天主教法典的规定,宗座代牧区直接置于教宗的管辖之下,并透过一位代表或"代牧者"来执行教宗管理教务的权力。教宗可任命一位邻近教区的主教兼任或委托一位神职人员专责担任宗座代牧。

② 卓新平:《中华文化通志・基督教犹太教志》,上海人民出版社1998年版,第221页。

③ 徐宗泽:《中国天主教传教史概论》,上海书店出版社1990年版,第280页。

池、瑞昌、彭泽、庐山、姑塘、黄老门、沙河、吴城等十余个堂区。①

民国三十五年（1946），罗马教廷计划所有的教区将逐步由中国籍主教管理，江西正式成立总教区。是年秋，罗马教廷委派中国籍紫衣教主周济世到江西任总主教，并将九江主教府迁至南昌，九江成为南昌主教区下的一个总铎区。

九江总铎区下辖彭泽、湖口、都昌、星子、瑞昌、牯岭、姑塘等堂口。总铎区设一名总司铎，下属堂区（堂口）有本堂神父和副本堂神父。每个堂口由教区或总铎区下拨传教经费，各堂口收入（包括弥撒献仪、房租）作为弥补本堂经费的不足。在九江总铎区担任总司铎的有法籍传教士马崇道和中国籍神父邓重葆、胡钦明等。江北小池口、孔垅、张家河等地（今属湖北省）的教务亦归属九江，由常驻中国籍神父司理。②

《九江市志》记：

> 自天主教传入九江至1952年，长驻九江传教或过境在本省传教的外籍传教士（不包括外籍修女，教会学校、医院中的外籍教师和医生）共有36人，其中法国籍传教士27人，意大利籍4人，荷兰籍3人，捷克斯洛伐克籍1人，比利时籍1人。在外籍传教士中，有主教约11人。首任主教为法国籍张导沅（又译穆道沅）；任职时间最长的是比利时籍主教白振铎，时间前后达35年；任职最短的是法国籍主教戴济世，时间只有1年左右。中国籍传教士有44人，其中担任过主教的有胡钦明、吴仕珍等。

---

① 九江市地方志编纂委员会编：《九江市志》第4册，第1159页。
② 九江市地方志编纂委员会编：《九江市志》第4册，第1161页。

解放前九江有修女21名，分属法国籍大姆姆高光明和董静修掌管的两处仁爱会管理。新中国成立不久，外国籍修女即全部离境。至九江解放前夕，教徒约有700余人。1951年底有教徒592人，他们多半属贫穷阶层，中产者仅数户。教徒中女性占62.20%，老人小孩占66.69%。外县来的与市区的各占一半。教徒中有一部分人谈不上信仰天主教，他们或是为生活所迫以"吃教"为目的；或是受环境的压力入教，如被收容过的弃婴、老残人员；或在教会附属事业和机构的职工以及世传信教家庭的子女等。据"文化大革命"前的统计，九江有教徒504人。1990年，全市共有教徒约1000人。①

天主教最初在九江传教的情景已难以想象，不过，有一封罗安当写给罗马教廷传信部的信，可以帮助了解当时的情景：

遣使会传教士罗安当致教廷传信部枢机们的书简摘录

1859年7月15日于江西

先生们：

当来自地球四方的哀求声在你们耳边回响时，你们就会听到我们痛苦的叫喊声。江西的全体传教士聚集在一起由衷地向你们表示最热忱的感谢。当你们真正了解了我们所需要的大量的必需品和我们遭受不幸的人数之时，你们才能真正理解我们的感激之情。我可以有意向你们述说一下这些事情，因为我刚刚跑遍了一些遭受灾难的地区。我向你们要讲述的一切都是我亲眼看到的事实。在本书简结尾处，我还将要向你们讲

---

① 九江市地方志编纂委员会编：《九江市志》第4册，第1162页。

述曾福定先生于1857年6月26日被处斩而献身的事。尽管这件事过去已许久了,但人们并不知道它的真实细节。先生们,只有你们才将是第一批获知这些情况的人。

上帝之公正的难以捉摸的秘密!江西省13个府、72个县,没有一个地区逃脱了战争的蹂躏。据我所知,在其带城墙的80座城市中,只有4座城市没有遭受叛乱者的破坏和抢劫。其中遭受破坏最严重的城市是吉安和南安,这两座城市都遭到了袭击,所有的官员和那些在逃难中未能得到救助的人都被杀害。在南安,一个地方官员竟让人在他的衙门前处决了上万之众。我亲自跑遍了方圆4法里之大的范围,没见到有一幢幸存的房屋。这些地方已没有人烟,曾经那样肥沃的稻田无人耕种,只得出卖给新的地主。

这就是你们的仆人和一位土著司铎的教士之所在地。在如此可怜凄惨的状况下,我们怎能找到我们的基督教徒!大部分基督教徒的财产都遭到了损失,躯体和灵魂都受到了折磨。他们的小教堂被摧毁,房屋被烧掉,其中有几个人或已逃走,或因其父母被杀害而悲痛万分。这一切都是那么让人感到震惊!以至于共同做祈祷的仪式已被取消,遵守过礼拜天的习惯已被忘掉。由于不幸所激起的仇恨,经常发生肆无忌惮的抢劫。因为在普遍的混乱中,整个事情似乎都属于首先占有者。由于上帝的拯救以及一系列经常性教诲,这些迷途者几乎全都改邪归正了。混乱的年代把这些人推进了深渊,目睹这些深渊,他们变得比以往任何时候都要虔诚了。

吴城曾经有一个繁荣昌盛的基督教会口,这里有一座付出了极大的代价而建立起的教堂。15年之内,官员曾两次下令拆除这座教堂。泄气和气馁使得人群四散而去,但留下来的一些人仍恳求一位传教士来巡视。在这种情况下,王吾伯(Rouger)先生来到了吴城。由于没有祈祷室,新教徒们在什么地方做祈祷呢?对此,他们早已有了准备,于是便把用来收储各种商品的一个货棚改成了祈祷室,在里边设了一个祭台并尽一切可能进行了装饰。然而,该建筑物属于一个异教徒所有,当他一发现崇拜真上帝的人租用了他的货棚,他就发出了警告。他知道我们的教堂新近被摧毁,教堂的看守老人被杀害,所以,他把传教士及其基督教徒都赶了出来。

王吾伯先生出城后,他来到曾在逃跑时结识的朋友和广德(Laribe)神父的坟墓前,度过了痛苦而又漫长的几个小时。然后,他又回到人们曾经找到他的那个地方。那里曾经是一个木工厂,有30个异教徒工人在里面干活,噪音很大。我们把隐藏在深处的一间小黑屋子用来作为举行圣事的地方,把木工场临时作为圣殿,用衔接不好的木板篱笆作为隔板。教士的住所也是一样。所有这一切都与那30个工人相毗邻,他们敲打、刨木料、锯木材,而且还喧嚷、唱歌、喊叫!传教士让人去看一看在这一片嘈杂声中是否可以进行教育、忏悔、祈祷和做神圣的弥撒。人们回答他说,新教徒不是能解雇工人的老板,可是又无法找到另一个地方。于是,教士提出离开这里。多么可怜的基督教徒!在这种走投无路的情况下,他们怎么办呢?他们都来到传教士面前,无能为力,只得哭了起来。这位才智横溢的神父又怎么办呢?他也哭了……痛哭之后,怜悯之心豁亮起来:白天不能行动,我们可以利用晚上。从晚上9时至深夜12点,这段时间便是训练和忏悔之时。早上3时左右做弥撒,以便使一切活动能在喧闹声开始的黎明之前结束。我们就这样连续度过了10个夜晚。"所有可怜的基督教徒能够忏悔和领圣体的幸福使大家都得到了安慰,忘记了疲劳。"王吾伯先生对我说。我们的耶稣基督是一位多么好的神父啊!他诞生并生活在马厩里,成群的天使曾是他的保护人,并且也对上帝住在如此悲惨的地方感到很吃惊。我们的耶稣肯定对这群天使说:"你们以后会看到我居住的地方比这里还要差。"他在吴城就曾经如此。

　　如果说许久以前就许诺的宗教自由的命令,终于颁布了,那么收获就一定丰厚。异教徒们自己承认他们所期望的就是这样,以表示拥护基督教徒。我们已经为成百成千的望教者举行了洗礼。我们的希望是完全有根据的,因为神谕已经说过,而且经验也反复证明了这一点:"殉教是传播基督教的种子。"我们在失去了吴城美丽教堂的同时,却赢得了一位受人尊敬的老人——可爱的殉教者的化身,老人名叫谢 Quentin。一个官员奉命要他发誓放弃信仰宗教,他却毫不犹豫地模仿《圣经》里谈的高尚的以利亚撒(Eleazar),他引证了各种理由说明他不能触犯天主教。我们还可以向上帝介绍神父流血的悲惨状况,正是这件事引导我向你们介绍曾福定先生的献身。

　　我们从来自广西的第一手资料中得知,我们这位同伴就是内战的受害者。当时他是被当作叛乱者而被处死的,这是一个错误。为了正确评价这件事,我将要让这件事恢复其真实面目。由于骚乱和遥远的旅行,我们谁也不能去看看传教士的坟墓,今天我亲自从那里回来了。相当多的目击者都是很精明能干的,他们的报告都很一致。正是根据所有这些可靠的证词,我才得以对于这件事做些更正或补充。

　　谭安东(Antoine Than)是一位土著教士,当时他身患疾病,体虚无力,生命垂危。他请其一位名叫吴彼得(Pierre Ou)的年迈传道员去向曾福定先生说明他病危的情况以及他要得到临终圣事的渴望。曾福定先生急忙出发去拯救他。由于他必须途经一条河流才能抵达到谭教士那里,而河两岸分别被两支互相敌对的军队占领着。所以他只得让人把他的头发剪掉,这样大江此岸的义军下令给了他一条活路;但他经过帝国军队占领的大江彼岸时却不能使这些头发长起来。为了慎重起见,他又找了一位名叫荣庆新的基督教徒当向导,他这样做无疑是为了使各方都有一名代表替他当向导。

他们一行三人渡过了这条河后,就有几个帝国兵勇来与他们搭讪。荣和吴停了下来,以便让这几个人搜查曾福定先生要他们携带的小包裹,而曾福定本人未被叫住,所以他独自一人继续向前赶路。走了几分钟之后,他停下来等着他的两个向导。他一直等到晚上,等了一夜。第二天,他本人也被几个兵卒追上了,这几个营勇是一个姓金的小官员派来跟踪曾福定先生的,同是这个小官员坚持要抓他的两个向导。教士和官员之间发生了激烈的争辩,他们彼此都不太懂得对方的意思。大家听懂了的是曾福定先生说他是法国人,来到中国布讲天主教。由于他是根据现有的条约以天主教教士的身份来到中国的,所以只接受法国领事的管辖。金大人听到否认他的权限后很生气,他一气之下便让人打了曾福定先生50大板,并把他与其他两名基督教徒一起押送到了帝国军队兵营。

荣和吴为什么被逮捕?人们从传教士的小包裹里找到了什么株连他们的东西呢?下面就是关于这个问题的一些说明。当时荣氏曾急忙向他距此地两法里远的母亲写了封信:"人们在曾福定先生的包裹里搜寻到了一顶软帽,这顶软帽引起了他们的注意。他们认出我们是基督徒了,因此我们的生命受到了严重的牵连。请立刻找一些人来为我们辩护。"他母亲请来了六位正直而又亲切的异教徒,他们是荣氏的朋友。然而遗憾的是他们来晚了两小时。这顶软帽大概曾是传教士们在中国用来参加庆祝圣教的奥义时戴的帽子。人们强迫他们说出帽子的用途。荣和吴二人为此坚持了一段时间后,只得承认是基督教徒,并且供出了教士,承认被怀疑的物品是教士的东西。就这样,曾福定教士被控告,他的新教徒(荣的书信作为证据)也被当作基督教徒而受连累。我们于下文将更详细地介绍这一事件的经过。

他们来到王师的营地后,就被一个高级官员送到一个下属官员的衙门去了,后者正好是我们圣教的敌人。我们不了解该官吏对他们的审讯情况,可以肯定的是没有对他们判处死刑。吴彼得被首先宣布与案件无关,理由是他说他是本地人,因为他的乡土口音也许还有他那满头的白发可以作为佐证。但当他刚刚走出衙门几步远时,其中一个官员助手向官员提示说,尽管这个老人确实是当地人,但他和其他两人一样都是基督教徒。所以他立刻又被传了回来。"你真是基督教徒吗?"官老爷问他。"对,我是基督教徒。"吴彼得回答道。"该死!"迫害狂总结说。

"可怜的老人啊!"一些激动的异教徒说,"承认自己是基督教徒,多愚蠢啊!只要说不是,他就可以活命。"

三位被判死刑的人立刻被剥光了衣服,执行死刑的刽子手们把他们的衣服瓜分了。他们的手被反剪在后面向前走去,每人后面都跟着一个持刀的刽子手。走了300—400步后,刽子手们要他们沿着田埂走过去,然后来到一块荒芜的和遍布石子的空地。曾福定先生被命令跪下去,他服从了。这时,举起了刀的刽子手耳边响起了平静的声音："等一下。"人们看见曾福定先生振振有词地做了最后一次祈祷，他是那样的平静从容，就好像是在祈祷室一样。他的这一宗教行动使我们的会友很受感动，而刽子手第一刀就把他的头颅砍掉落地了。就这样，神父先于他的两个新教徒见上帝去了。荣氏和吴氏二人也几乎同时被杀害。这就是三位完美的牺牲者的形象，这就是为宗教信仰而献身的三位殉教者。

　　正是出于这种爱德，这位年迈的传道员冒着在义军中行走两天旅行之风险，以满足一位死者的心愿。正是出于这种爱德和令人钦佩的忠诚，荣先生听从了传教士的召唤。当他接到书简时，他虽因劳累过度而正在卧床休息，但仍立刻起床向其母亲要点食物准备上路。这位母亲在他这唯一儿子还未出生前就失去了丈夫，她出于母爱之心而全力反对其儿子这种举动。年轻的英雄回答说："母亲，正是为了上帝我才要走……我要走了。"正是出于圣职的爱德，曾福定先生终于不顾长途跋涉的劳累，不顾欧洲人难以忍受的炎热和内战的可能性而上路了。他深知谭先生在离开我们六个月之前而痛哭流涕，担心不能领受圣事而离开人间。为了安慰他和使他不感到孤独，为了他临终的圣事，曾福定先生冒着生命危险毫不犹豫地踏上了去看望谭先生的旅途。

　　然而，这三位爱德的受害者也是殉教者吗？一切都证明了这一点。吴氏传道员回答他是一名基督教徒时，就已声明立誓献身；荣庆新教徒在给其母亲的书简中宣布他和他的同伴被查是基督教徒了，因而他们的生命也就要受到株连；曾福定先生公开表明自己是法国传教士，其使命是讲授《福音书》。他们三位的声明证明对他们被指控的唯一理由就是他们信仰基督教。尽管他们一个是欧洲人,一个是帝国中的人,一个是义军地区的土著人,但他们都被判处死刑。因此,他们不是由于教派的问题,而是因为他们都信仰基督教才被处死的。对于官吏来说,他对于信仰上帝的崇教者的仇恨,对于基督教采取敌视态度的名声,在他身上表现出了十足的迫害狂的特点。直至最后,公众舆论对于这个问题没有任何怀疑。附近一位基督徒向一个异教徒的头领询问所发生事情的情况。后者回答道:"我知道你也信仰这种宗教,你或者应保持沉默,或者也和这三个人一样,也就是说和基督教徒一样人头落地。"

当我有空再去看看我们殉难者的坟墓时,这件事从发生到现在已有两年了。我事先并没有打算,然而上帝却允许我在周年那天,几乎是他们被处决的同一时刻来到了他们的墓地。那块浸透着他们鲜血的土地正是掩盖他们躯体的地方,他们就被就地掩埋在那里。我的双眼紧紧盯住这块掩埋着我的一位教友、一位朋友的墓地,我的心感到很压抑。我希望在想画一个十字架符的同时也做一次祈祷,也许我不像他最后一次做祈祷时能控制自己。坟地上长有一片一米高和开着许多小白花的灌木丛,灌木丛下面似乎正好是遇难者的脚。一片十分浓厚而又油绿的草地正好长到壕沟的边缘,周围光秃秃的,就好像是上帝为了要辨认出其埋葬在坟墓里的仆人一样。因为掩埋他们三位遇难者尸骨的坟地上长了一片绿油油的草,而被处死的异教徒的坟葬却是一片不毛之地。

在我结束这封书简的时候,我获悉自己刚刚走访过的那个地区中迫害基督教的教案即将发生。那里的两位新教徒已入狱,一些信仰宗教的人被捕。杀害曾福定先生的凶手毓科是这场教案的肇事者。他也是杀害一位法国传教士的凶手,如今他还逍遥法外,这个杀人者妄图任意仇杀基督教徒,并且还想利用他的权势继续在基督教徒中制造新的流血事件。

顺致崇高的敬意!

遣使会会士罗安当(Antoine Anot) ①

第二节 教堂与教会组织机构

一、教堂

九江开埠通商后,由九江进入江西最早的传教士是法国天主教传教士罗安当,他在和广德担任江西代牧区主教时为代理副主教,后为田嘉璧、达尼库尔、安若望主教之副手。他于1861年12月到达九江,1862年1月17日,罗安当拿着总理衙门给的执照,带着六个随从到达南昌,江西巡抚毓科委派候补知县夏燮负责接待。《江西布政使李桓奏法国传教士罗安当来省城传教情形片》云:

再,查咸丰十一年十一月十九日有法国通事方安之前来江西省城传教,在筷子巷地方置买民房,经前抚臣毓科饬委候补知县夏燮,德兴县县丞张国经作为伴使,随时照料。旋于十二月十八日有法国总理江西天主教务代全权大臣罗安当带有跟随人六名,自九江进省。该署南昌府知府王必达督同南新二县照护入城,即与方安之同寓。该印委各员查得省城进贤门外,向有天主堂一所,坐落庙巷,距城五里,只有跟随人三名在堂看守。所有习教华人并不住在堂内,其筷子巷屋内经方安之收养

---

① 中国第一历史档案馆、福建师范大学历史系合编:《清末教案》第4册,中华书局2000年版,第94—101页。

女孩十三口,自五六岁至十一二岁不等,又养妇五口,老少不等。跟随人二名,均系江西民籍,向习天主教者,尚属安静。据方安之声称,尚有寄乳民间之婴孩,不在此内。又瑞州、临江等处亦有收养男婴。委员夏燮等恐该通事及跟随人等出入,漫无稽考,即经取具城内外两处公所,跟随人数及女孩养妇清册,并填给跟人腰牌,随时验放出入,免致奸匪混迹,以臻周密。迨罗安当到省,其意即就进贤门外天主堂扩充基址,以便劝民入教,按期礼拜,并将筷子巷房屋作为育婴公所。至罗安当来江传教,前准顺天府咨盖有一百三十七号护照一张,行据该委员夏燮等,向通事方安之询明。声覆前项护照系上年六月自都中哥公使寄出,因在上海舟中被劫,复经请领,又被洋船遗失无存,以致无凭呈缴,亦无字号可查。嗣罗安当于十一月间由沪起程来江,沿途恐有阻碍,即在上海关请发护照一纸,经该府县查验无异,照录护照并开具跟随人数清单,由藩司详请具奏前来。

臣伏查英法各国已与内地通商和好,现经总理教务罗安当等前来江省传教劝善,并无他意,自应饬令妥为照护,用杜衅端。一面传谕商民,务令彼此相安,毋致疑虑,以期上慰宸廑。

除将送到护照清单,分别录送总理各国事务衙门,并江苏抚臣薛焕暨顺天府府尹查照外,所有法国使臣罗安当等来江传教缘由,理合附片陈明,伏乞圣鉴。谨奏。

同治元年三月初四日议政王军机大臣奉旨:总理各国事务衙门知道。钦此。①

---

① 中国第一历史档案馆、福建师范大学历史系合编:《清末教案》第1册,中华书局1996年版,第213—214页。

1862年,南昌教案爆发,教士罗安当、方安之被赶出南昌,筷子巷教堂被毁。民众指斥罗、方等"倡行邪教,煽惑愚民,甚至采生折割,奸淫妇女,锢蔽幼童,行踪诡秘,殊堪痛憾",并劝诫那些信教者"亟宜改悔自新,痛加清洗。如执迷不悟,族中公同处死,为无君无臣父子兄弟人妇者戒"。① 事后,经多方调节,南昌教案以政府赔银18000两了事,但神甫罗安当却再也不敢留在南昌,不得不退回九江,购置房地产,建造教堂传教。翌年,江西天主教府也迁至九江。

同治元年至二年(1862—1863),罗安当先后买了九江南门口和环城路的房地产建造圣堂(今庾亮南路43号天主堂,俗称城内天主堂)。同治二年,江西主教座堂迁至市区南门口环城路圣堂。于是江西教区设在九江的主教府成为统领江西天主教教务的组织领导机构。

同治四年,罗马教廷派法籍神父安若望来九江主持江西教务,任职期间,在九江环城路51号修筑教堂,权属主教府。尔后,又先后由法籍传教士戴济世、王吾伯任主教。同治九年,原直隶(今河北)比利时籍副主教白振铎奉调为江西主教。白振铎任职期间,教会买下了英国商人的房产,于同治十年开始建造九江城外天主堂,历时十年时间竣工,随即将主教府迁入,成为新的主教座堂。

1911—1931年,法国人樊体爱任九江主教。1894年,他在庐山牯岭香山路募捐建天主教堂,为圣母升天教堂,采取了法国乡村教堂形式,具有罗马风建筑的若干特点。山墙为其立面。教堂的保护状态良好,建筑结构和室内装修保留了历史原貌。1996年,联合国专家德希瓦尔教授考察庐山世界遗产申报时曾给予高度评价。

---

① 《江西合省士民公檄》,见王明伦:《反洋教书文揭帖选》,齐鲁书社1984年版,第116页。

永修吴城天主教堂建于清乾隆年间,位于今永修县吴城镇人民政府所在地。先后有4名外籍神父坐堂传教,盛时有教徒700多人。民国初年,一名荷兰籍神父在此传教,教徒500余人,民国十三年(1924)兴办崇贞小学。抗日战争期间,外籍教职人员回国,徐庚和接任神父,并在教堂设医院一所。

二、修会

为协同教、铎区加强对教务和教徒的管理,推动会内念经、祈祷等活动,天主教教会在九江城区组织各种类型的"教内会"。较典型的有神职人员加入的味增爵会、仁爱会和由普通教徒加入的玫瑰会、圣衣会、圣体军、四规会等。

"味增爵会",16世纪法籍神父味增爵创立,九江修道院院长濮爱德曾任九江味增爵会负责人,中国籍神父刘允文等曾入此会。

"仁爱会",天主教修女的一种团体,也是味增爵创立,新中国成立前夕,城区尚有会员251人,分处天主堂医院和孤儿院,分别由法籍大姆姆高光明和董静修掌管。

"玫瑰会",每日早、中、晚,信徒须右手持经神父祝圣过的念珠跪念玫瑰经。抗日战争前,城区老教徒尤其是女教徒多入此会。

"圣衣会",信徒须终生贴胸佩带青色或红色呢制小袋,内盛"圣母无原罪"和"耶稣圣心"两种镍质像牌。新中国成立前,城区老教徒、仁慈堂婴孩及婴孩郎(女婴丈夫)多入此会。

"圣体军",信徒向神父领会章一枚,每个主日进教堂领耶稣"圣体",借此祈求天主赦罪赐恩。抗日战争前,九江城区颇盛行,尤其是益智、培德两校的教徒和师生多加入此组织。

"四规会",主要是遵守教会有关主日、瞻礼、望弥撒和守大小斋期的规定,每年至少办神功及告解一次,借以祈求天主保佑。新中国成立前该会教徒曾在西园路口捐购房屋数栋,以房租作活动基金,于每年十一月初追思已亡瞻礼日,在城内天主堂集会、聚餐和结账。①

三、九江总堂账房

九江总堂账房建立于1863年,为江西天主教的总账房,初期其基金来源是:1. 罗马教廷传信部拨给的传教经费;2. 巴黎味增爵总会拨给的传教经费;3. 国际天主教人士捐款;4. 庚子赔款。账房管理人全部是外籍传教士,知名的有法籍樊体爱主教、荷籍徐赓和主教、法籍马崇道主教。账房初设,着重筹资兴建教堂、修道院、慈善堂、医院、学校等。光绪二十六年后则大量购置房地产,建造店房和住宅,转手变卖和出租,并设经租处专司此业。1900年后,账房在九江有房屋180余栋,年租纯收入纹银5万两,当时年收入纯利银4万两的大资本家金灏儒的九江涌兴裕煤铁五金商行亦望尘莫及,为本市最大的房地产主,为教务活动提供了强大的经济支持。总账房还在城南濂溪乡陆家垄捐购"善终会"坟山(教内称"圣山")数百亩。1920年,总堂账房缩小为赣北区账房。1930年,为建造新修院,变卖后街至花牌楼店屋30余间。1946年主教府由九江迁南昌后,才缩小为九江总铎账房。战时,受通货膨胀影响,房租收益衰退,至新中国成立前,一个月收入约折合食米50石左右。1951年初,按人民政府规定,办理了接受外国津贴的教会团体登记及财产登记后,随即割断了与帝国主义的经济关系,九江天主教的总铎账房随之解散。

---

① 九江市地方志编纂委员会编:《九江市志》第4册,第1161页。

第三节　天主教人物

　　万其渊,江西第一位中国籍神父,字三泉,1635年生于江西建昌府,1676年在杭州入耶稣会,从殷铎泽神甫修行,研究神学。1680年和1684年在上海、南京、淮安等处,随各神甫为讲说教义人。嗣后传教浙江、福建、广东、江南等省,以居江南时为最久。1689年得忧郁疾,逃湖广山中隐居,次年刘蕴德神甫往觅之。后疾愈仍传教如故。1700年10月8日殁于江南,葬上海西门外圣墓堂。①

　　顾方济(1806—1860),译名达尼库尔·弗朗索瓦·格扎维埃·蒂莫泰。生于法国,后入法国遣使会。1833年,偕孟振生到中国。次年抵澳门,在澳门修院修学9年。1842年,修院解散,顾方济在浙江舟山、宁波等地传教,升为副主教。1850年至1854年,任浙江教区主教。1854年,受命与江西教区主教田嘉壁对调,主持江西教务五年。主教江西期间,教务发展较快,咸丰六年(1856),江西有教徒9000人。1859年秋,护送董文学神父遗骨返回法国,1860年初抵巴黎,一个月后染疾而卒。②

　　安若望(1811—1869),译名巴尔迪斯·让·亨利,生于法国,后入法国遣使会。1834年启程到中国,在湖北传教。1839年,调往河南。1864年,为河南教区第一任主教。次年12月,在江西祝圣。后来九江就任江西主教,主持江西教务4年。在九江环城路51号建立教堂,还到建昌(今南城)、抚州、广信(今上饶市)等地巡视教务。

---

　　① [法]费赖之:《在华耶稣会士列传及书目》上册,冯承钧译,中华书局1995年版,第388页。
　　② 《江西省人物志》编纂委员会编:《江西省人物志》,方志出版社2007年版,第323—324页。

1869年，奉召赴梵蒂冈敦廷大会，因病于当年秋去世，葬于九江圣山。①

罗安当(1814—1893)，生于法国，1838年入遣使会。1842年到中国，在江西传教。1846年，法国教士和广德定为江西教区首任主教，罗安当为副主教。以后又继续为田嘉壁主教、顾方济主教、安若望主教之助手。传教布道足迹几遍江西。初居瑞州（州治在今高安）三桥村，后居永修吴城镇，两地修道院、育婴堂之建立多因其力。1859年，顾方济主教启程回法国，罗安当主持教务兼会长。咸丰十一年十二月，以法国总理江西天主教教务代全权大臣身份到九江主持教务。二十日派其通事、华人方安之前往省城南昌，向南昌府呈递照会，要求晋省会谈，江西巡抚毓科委派候补知县夏燮负责接待。罗安当持总理衙门执照，带随从到达南昌，夏燮等约其见于公所，罗安当要求赔偿多年前吴城教堂被毁损失，并在南昌扩建天主堂，"即就进贤门外天主堂扩充基址，以便劝民入教，按期礼拜，并将筷子巷房屋作为育婴公所"。获江西地方当局同意后，罗安当开始在南昌占地拆房，激起民愤，在省城应考的各地秀才们将传到南昌的《湖南合省公檄》连夜赶印了数万张，张贴城内各处，人们怒不可遏。1862年3月7日，南昌教案爆发，数万群众拆毁筷子巷、袁家井两所教堂、一所育婴堂，捣毁停泊在赣江的教士座船，一些中国教民房屋也一起被焚毁。罗安当逃脱后，经九江转往上海。1863年，罗安当乘船到南昌，南昌民众群聚赣江岸边。当其船停泊于滕王阁下，岸上竖起"禁止法夷入城"的大旗，愤怒的群众抛掷砖石。罗掉转船头，返回九江，先后购九江南门口和环城路的房地产建造圣堂（今庾亮路43号天主堂）。1865年，江西第五任主教安若望到任。罗安当

---

① 《江西省人物志》编纂委员会编：《江西省人物志》，第324页。

代理江西省教务时期结束。1893年病甚,先后到九江、饶州(今鄱阳)、抚州边休养边传教。同年去世。①

白振铎(1825—1905),译名布拉·热罗。生于法国,后入法国遣使会。1858年到中国,在内蒙古传教。1858年,比利时Seheut会士接替内蒙古教务,白振铎至直隶(今河北)正定传教,升为副主教。1870年,白振铎奉调江西主教。主持教务35年,江西教务大为发展。同时购买英国商人的房产,于次年建造九江城外天主堂,历经十年时间竣工。天主教附属事业亦大为发展。1879年,江西成立赣南(吉安)教区。1885年,成立赣东(后又称余江)教区。至此,江西划为3个教区。赣北(九江)教区仍是江西教务的中枢机构,他为赣北(九江)教区第一任主教。1871年,曾在建昌(今南城)召集全省神父会议。光绪三十一年(1905),白氏死于九江。②

戴济世,总理衙门公文中称其为"达里布"。1822年11月29日生于法国,1848年6月17日晋铎,1852年9月24日入巴黎遣使会初学院。1853年10月20日起程来华,次年6月17日抵达宁波,后往蒙古西湾子传教。1859年蒙古孔代牧去世后,出任代理主教。1866年圣母圣心会士接管蒙古教务,乃奉召往上海照管仁爱会修女。1868年9月25日获委任为Pompeiopolis衔主教并任江西代牧区助理主教。1869年6月22日,在祝圣之前调任直隶西南代牧。1870年11月11日在正定府由田嘉璧主教祝圣。1880年获总会长。③

董修静,1890年参加仁爱会。1933年从法国来浔,担任九江仁

---

① 《江西省人物志》编纂委员会编:《江西省人物志》,第324页。
② 《江西省人物志》编纂委员会编:《江西省人物志》,第325页。
③ 北京天主教与文化研究所编,赵建敏主编:《天主教研究论辑》第2辑,宗教文化出版社2005年版,第152页。

慈堂院长19年。1952年4月,董修静被驱逐回国。①

胡钦明(1890—1965),原名吉生,别名若瑟,高安县(今高安市)人。光绪二十八年(1902)入南昌小修道院读书。四年后,入九江中修院、大修院学习,1919年毕业后在九江仁慈堂讲经,并充任本堂神父。1923年后,先后到谢埠、奉新传教。1929年,仍还仁慈堂讲道教经。1936年,兼任九江培德小学校长。1947年,胡钦明被江西天主教教会提升为九江总司铎。1952年5月,南昌市天主教三自革新会成立,当选为副主席。1955年12月底,九江市天主教爱国会成立,当选为主任委员。1957年7月,出席中国天主教教友代表会议,当选为中国天主教爱国会常委。1958年江西天主教爱国会成立后,被选为副主任委员。同年当选为省政协委员。②

徐安庆(1888—1933),出生于美国,后入遣使会,1923年来中国。1929年在江西饶州(今鄱阳)祝圣为主教,为江西余江教区第三任主教。曾主持九江仁慈堂。1933年死于南昌。③

田嘉壁(或写作田嘉璧,1820—1884),亦名田雷思、田垒思、都乐布理斯。清嘉庆二十五年(1820)出生于法国,后入法国遣使会。清道光二十三年(1843)抵澳门,道光二十五年(1845)进入中国内地,道光二十六年(1846)在河南传教。清咸丰二年(1852)在河南归德鹿邑县草堂内祝圣为江西教区主教,主持江西教区教务一年多。一年中,田嘉壁半年住九江、半年住三桥。咸丰四年(1854)被派调浙江宁波任浙江教区主教。清光绪十年(1884)卒于北京。田嘉壁较有学问,有著作多种。④

---

① 政协九江市十届文史委员会编:《九江古今纵横》第9辑(内部资料),第315页。
② 《江西省人物志》编纂委员会编:《江西省人物志》,第396页。
③ 江西省地方志编纂委员会编:《江西省志·江西省宗教志》,第465页。
④ 江西省地方志编纂委员会编:《江西省志·江西省宗教志》,第463页。

郎守信(1859—1910),译名弗尔兰德·保尔,法国遣使会士,清咸丰九年(1859)出生于法国。清光绪十年(1884)来中国,光绪三十一年(1905)继承白振铎为赣北(九江)教区主教,主持教务5年。清宣统二年(1910)因病在上海动手术时去世,葬于九江圣山。①

樊体爱(1855—1931),清咸丰五年(1855)出生于法国,法国遣使会士。清光绪十三年(1887)来中国,清宣统三年(1911)继承郎守信为赣北(九江)教区主教,主持教务20年。1931年死于九江,葬于九江圣山。②

杜保禄(?—1944),法国遣使会士。杜保禄初在河北传教,后为天津首任主教。1920年赣州成立一主教区,杜保禄即调至赣州为副主教,主持教务。1925年升为正主教。1928年任安若望助理教务,杜保禄暂回法国养病。1931年又调为九江主教。九江教区在抗日战争爆发前的十余年间是兴盛期,抗战期间因流亡迁徙又逐渐走向衰落。1944年杜保禄死于九江,葬于九江圣山。③

马崇道(生卒年不详),法国籍传教士,清光绪二十九年(1903)来中国,先在浙江嘉兴修道院学习,后在天津、北京任修道院院长。1923年来九江,后任九江城外天主堂总司铎、九江主教区副主教,同时兼任九江城外天主堂经租处主任,集九江教区的教务、经济大权于一身。马崇道与九江地方官绅往来密切,并通过放债等方式,在九江扩展很多地盘和房屋。1934年夏,马崇道在九江环城路庚和里创办培德小学。培德学校可容纳180名学生。由于马崇道在九江天主教会中的影响比较大,1948年秋,中国籍天主教教徒郭荣

---

① 江西省地方志编纂委员会编:《江西省志·江西省宗教志》,第464页。
② 江西省地方志编纂委员会编:《江西省志·江西省宗教志》,第464页。
③ 江西省地方志编纂委员会编:《江西省志·江西省宗教志》,第464页。

华出资租赁属教会房产的庆兰里(即培德里)5号开办一所小学,即以马崇道的名字命名为"崇道小学"。新中国成立后,1951年1月22日,九江市500余名天主教教徒响应四川省广元县天主教神父王良佐发起的天主教"三自"革新运动,马崇道极力抵制和阻挠,暗地里在教徒中散发反宗教革新的宗教宣传品达50多种,造成极坏影响。广大爱国教徒通过学习和座谈,揭露和肃清九江教会上层人物马崇道等人的罪行,马崇道遂于1951年下半年离开九江,返回法国。①

  王安之(？—1906),法国籍传教士,曾担任九江修道院院长。1906年,江西省新昌县发生一起教案,南昌知县奉命参与处理此案。据说,由于未能完全满足王安之的无理要求,王安之就以"请其吃饭"为名毒死了南昌县令。愤怒的群众围住教堂质问他。王安之竟开枪打死群众,并自焚其屋,嫁祸于民。民众群起把他打死。

---

① 江西省地方志编纂委员会编:《江西省志·江西省宗教志》,第466页。

第五章
庐山地区的东正教

公元1054年,基督教东西两派正式分裂,以君士坦丁堡为中心的东部教会为东正教,又称正教或希腊正教。1453年拜占庭帝国覆灭之后,俄罗斯等一些斯拉夫语系的国家相继脱离了君士坦丁堡普世牧首的直接管辖,逐渐形成了使用斯拉夫语的俄罗斯正教。17世纪伴随俄国沙皇向亚洲扩张,东正教传入中国。清康熙四年(1655),俄国侵略者在占领中国的雅克萨后修建了中国最早的东正教堂。清康熙二十五年(1686)中国收复雅克萨后,一部分俄俘被押至北京,为照顾其宗教信仰,在其住地城东北胡家圈胡同设立一所教堂,称尼古拉堂。1715年俄国沙皇彼得一世征得康熙帝同意,决定向中国派遣传教士团。其第一届传教士团于1716年抵达北京,不久成立北京东正教总会。1727年中俄《恰克图条约》后,传教士团变成沙皇政府派驻中国的官方常设机构。1858年《天津条约》签订后,传教士团的外交职能和宗教活动开始分开,其神职人员不再由俄国政府而由俄罗斯正教会直接委派和管理。1860年以来,其活动从北京扩展至华北、华东、东北、西北各地,在哈尔滨、上海、天津、青岛、汉口、张家口、迪化(今乌鲁木齐)等地建立教区。1900—1916年,在中国共建大小教堂40余座,传教点40多处,神学院1所,男女宗教学校20所,气象台1座,图书馆、印刷所等企业和事业单位46处,出版俄、英、汉三种文字的杂志《中国福音报》和正教教历,发展教徒5500多人,另在朝鲜、日本、爪哇等地设立分堂5座。①

1917年俄国十月革命以后,苏维埃政府实行政教分离的政策,取消了东正教的一切特权,但仍然承认东正教是一个合法的宗教团体,允许教徒过正常的宗教生活。可是,沙俄在北京的传教士团却拒不承认十月革命后俄国国内的东正教教会莫斯科教廷,长期依附于居留在塞尔维亚的流亡教廷,即卡尔洛夫齐东正教会,积极参与国际宗教势力的反苏反共活动,实际成为沙俄反苏反共的据点。1937年中国抗日战争全面爆发以后,中国各地的沙俄东正教会又成为日本侵略者进行反苏、反共、反华的工具。②

无论是希腊还是俄罗斯形式的东正教,它们都代表了一种与早期希腊教会有着很强的连续性,其礼仪和教义都可以直接追溯到早期的希腊教会和教父,其特点如下:

(1)强调与早期教会保持历史的连续性。东正教特别强调"传统"观念尤其是希腊教父们的著作。俄罗斯东正教非常重视在仪式中使用传统的斯拉夫语,强调在神学和语言上与以往时代的连续性。

(2)东正教只承认七次公会议,第二次尼西亚公会议(公元787年)以后的会议都被认为不具有权威性。尽管也有地方性的会议来讨论各种不同的事务,但它们并没有被看作与早期公会议具有同等的权威性。

(3)东正教一直反对在西方天主教中出现的那种权威观。它们试图使其在教会个体成员的特殊性与教会整体生活的和谐性之

---

① 任继愈主编:《宗教大辞典》,上海辞书出版社1998年版,第1062页。
② 顾长声:《传教士与近代中国》,第336页。

间取得一个平衡。教会的生活是以这种方式来支配的:其权威被分散在所有信仰者之中,而不是集中在任何类似教皇这样的人物身上。

(4)神学上比较独特的思想包括:认为圣灵只是出自于圣父(而不像西方教会所认为的出自于圣父和圣子)以及将拯救理解为"神化"。"上帝成为人,乃是为使人成为上帝。"这个神学的主题可以被看作在很大程度上奠定了东方基督教传统在救赎论方面的思考,无论是教父时期的还是现代希腊及俄罗斯的东正教神学传统都是如此。正如这句引文所表明的,在道成肉身的教义和上述意义的救赎论之间有着紧密的联系。对于阿塔那修来说,拯救即意味着人对上帝之存在的参与。神圣的逻各斯通过道成肉身进入到人性中。阿塔那修得出结论说,在披戴普遍人性的基础上,逻各斯不只是披戴耶稣基督作为人的生存,同时也披戴一般的人性。结果就是,所有的人都能够分有来自道成肉身所产生的成圣结果。人的本性被造时就是以分有上帝存在为目标,借着道的降临,这个潜能最终被实现了。

(5)东正教的教士被允许结婚(假如他们被按立前已经结婚的话),这一点与天主教的情况不同。不过,主教通常是不结婚的,这主要是由于作为修士的背景。东正教坚持只有男性可以被按立,反对女性成为神甫,这基本上是出自于传统对此问题的看法。①

第一节 庐山地区东正教传播概况

第二次鸦片战争之后,俄国人在汉口和九江经营砖茶公司。俄

---

① [英]麦格拉思:《基督教概论》(第2版),第328—330页。

商在汉口有顺丰、阜昌、新泰、源泰四大砖茶公司,并在九江开有分公司。1876年,在俄茶商彼得·波特金的请求下,北京东正教总会许可在汉口建设东正教堂。1885年初,教堂建成,起名为阿列克桑德聂夫堂(又译"亚历山大·涅夫斯基")。光绪二十二年(1896),俄东正教教务会议指示,派沙士丁神父为汉口东正教教堂首任司祭。① 1903年,沙士丁神父因私买庙产被调离。此事在《近代武汉城市史》中有一个简单说法:"1903年,沙士丁去庐山牯岭买庙产,已与庙内邱和尚谈妥,不料被该庙施主知悉,追究此事。邱和尚慑于施主权势,不敢出面应承。沙士丁担心邱和尚祸及自身,将邱装入大木箱运来汉口,留在教堂内任帮堂。事为北京总会发觉,即将沙士丁免职,邱和尚亦被革出教外。"②

九江的东正教是从汉口传播而来,由于汉口东正教不开门布教,也很少在中国人中发展信徒,东正教成为俄国侨民在中国的宗教,因此,传到九江的东正教基本限于庐山牯岭地区。

关于汉口东正教来庐山一事,吴宗慈记载:

> 庐山各租借地中,其交涉之纠葛与经过之曲折,当以俄东正教堂租借星洲地为最,汇录各档案要旨如左:查俄租地于前清光绪二十三年,原系约之塔寺僧听桃、心持等将芦林盗卖,旋经德化举人罗纲乾等联名禀请拘办,由九江道办理。一面将盗卖伪契注销,一面函致俄领事转饬尼教士另觅空地购买,一面饬德化县勒拘心持等到案惩办。于前清光绪二十三年,据德化

---

① 武汉地方志编纂委员会主编:《武汉市志·社会志》,武汉大学出版社1997年版,第341页。又见[韩]李宽淑:《中国基督教史略》,社会科学文献出版社1998年版,第134页。

② 皮明庥主编:《近代武汉城市史》,中国社会科学出版社1993年版,第636页。

县知事杨煜详报,盗卖公地之犯听桃、栖禅先后在押病故。遂于二十四年七月,由尼教士另觅星洲空地一块,丈量租赁。据民人黄长炳言,始则只租芦林,自后名虽另租,实则兼有芦林在内云。(庐山管理局档案摘抄)①

当地政府虽然捉拿了私自卖地的和尚,但又不敢开罪俄国传教士尼娑,只是委婉致书俄国领事,请其转告尼娑,另寻空地租赁。这里说的尼娑应该就是前文提到的俄国教士沙士丁。前文所提到和尚为"邱和尚",与这里有所不同。

光绪二十四年(1898),江西九江府同知、德化县知县和汉口东正教堂教士尼娑签订《租庐山星洲地租约》如下:

> 立租约事,九江匡庐山上有星洲空地一段,大俄国东教堂欲租此地建屋纳凉。禀经驻扎汉口领事官,函请九江道宪诚,派江防府曾、德化县杨,会同汉口东教堂尼教士,当面勘明,与地方绅士商定出租此山。南自黄龙庙后山脚界石起,量至北面女儿城背后山脚止,计一百八十五丈为界。东自七情居山腰起,量至西南猪转山腰止,计一百六十七丈为界。订明四址,并于界限之山石上、石桩上镌有俄国东教堂字样,彼此均无越占。所有界外山溪水道,因与界内通流,诚恐被人秽污填塞,致碍水道,是以彼此议明,无论中外人等,均不得在水之上流,秽污填塞,阻截水道。当付租价银一千四百两,以作地方公用,笔下交清,并无短欠。自租之后,任凭俄国东教堂建房,一切布置,日后官绅永远无有异议。立此租约二纸,各存一纸为据。

---

① 吴宗慈:《庐山志》上册,第415页。

江西九江府同知曾

江西九江府德化县杨

汉口东教堂教士尼娑

见证:德化县生员胡瑞堂、增生谭备之、贡生许养斋、职员张锦生(九江县署档案)①

从此,俄国东正教堂获得星洲一带土地的使用权。1898 年 11 月 18 日(一说为 30 日),星洲土地租用权在汉口俄领事馆注册生效。"据民人黄长炳言,始则只租芦林,自后名虽另租,实则兼有芦林在内云。"这样,沙俄东正教在星洲租界地区"建房一切布置"随意进行,并无视中国主权,违反租约,擅挪界石,大规模侵占庐山土地。文献记载:"俄东正教堂历来侵占界外之地甚多",到 1917 年,达 1900 多亩,其"所租星洲亦多界",东正教势力甚嚣一时。② 这一带遂形成俄国人聚居区。芦林和牯岭(东谷)成为庐山上最大的两个别墅区。

对于俄教士在租约之外随便侵占土地,政府进行过多次交涉,没有最后结果。1917 年十月革命胜利后.苏维埃共和国宣布废除沙俄政府时期强加给小国的一切不平等权益,沙俄在华势力摇摇欲坠。1919 年 5 月 15 日,俄国东正教会迫于经济窘困,以 1500 两白银将芦林租借地连同教会房产一并出租给汉口俄租界。中国当时的中央政府命令,饬知停止俄使领,代管俄租界。然因星洲为教会租地,属于慈善团体之公共产业,应在照旧保护之列,依然不能议结。到民国十一年(1922),经地方呈请省长,省长咨行江西省议会

---

① 吴宗慈:《庐山志》上册,第 415—416 页。
② 熊炜、徐顺民、张国宏:《庐山》,江西美术出版社 2005 年版,第 149 页。

决议照办,与俄国人重新订《星洲租地合同》:

　　为订立合同事,查俄国东教堂前次商同地方绅士立约,承租庐山星洲空地,建屋纳凉。嗣因考察原图误指方向,越占太甚,经江西省长特派勘界员,会同九江县知事、九江警察厅长,呈请九江交涉署照会前驻汉口俄总领事,来浔会勘明确,由地方官绅会同江西省议员,邀集该教堂租地人暨俄民代表,即前驻汉俄总领事,根据江西省议会通过原案,继续谈判。经俄民代表等允退侵占基地,议定条约,开列于左:

　　(一)俄国东教堂在庐山租借星洲空地,建屋纳凉。原约载,南自黄龙庙后山脚界石起,量至北面女儿城背后山脚止,计一百八十五丈为界。东自七情山腰起,量至西南猪转山腰止,计一百六十七丈为界。证明四址并于界限之山石上、石桩上镌有俄国东教堂字样。前经会同勘明,越占属实,且方向错误。彼此会议,经俄民代表等允退还所占基地,按照民国九年十一月二十七日缩小篇幅,南面仍以内红线为界,公同丈量,核算亩数,订立界石,并绘具图说,以便与合同互相印证。此后,合同如有未详载者,即以附粘图说为凭,用垂久远而杜争执。

　　(一)俄东教堂对于越占基地,最终允让之界限,经俄民代表、东正教堂代表拉克伐生君与教堂管地人,及中国官厅并地方绅士登山眼同丈量,订立界石。所有界外之地基,无论地皮地骨,完全交还中国管业,并无异词。自此次立界退还之后,俄教堂永远不得再有藉词侵占,托故干涉情事。所有界外山溪水道,因与界内通流,诚恐被秽污填塞,致碍水道,是以彼此议明,无论中外人等,均不得在水之上流,秽污填塞,阻截水道。

　　(一)俄东教堂自此次退还基地后,现尚有面积计八百二十五亩,即为俄东教堂租借地,中国仍许其在租借地范围内建屋纳凉。

(一)此次所订界石,计北面在女儿城以刘子敬房屋外石围围墙为界,西面在黄龙山脚,距源泰洋行房屋外石围墙二十五尺处,南面在七情居出海面南方三千五百五十尺高山图线处,东面在猪转山鄢金陵房屋围墙外三百二十尺处,外沿界限转坳处均订有界石,以作根据。所有新立界石,俄东正教堂不得再有迁移情事。

(一)本合同自双方签字后,呈准江西省长转达外交部备案,即应永远遵守,不得再有翻悔情事。

(一)照缮合同九份,签字盖印。一存俄民代表处,一存俄东教堂,一存中国外交部,一存江西省长公署,一存九江交涉署,一存浔阳道尹公署,一存九江警察厅,一存九江县公署,一存庐山清丈局。

  俄国东教堂代表那克伐生签字
  汉口俄民代表贝勒成阔(同上)
  星洲教堂租地管理人美热我依(同上)
  省长特派订界委员张凤瑞盖章
  九江关监督兼通商交涉事宜景启(同上)
  浔阳道道尹高培枢(同上)
  九江县知事张宣中(同上)
  九江警察厅厅长韩振山(同上)
  俄民代表翻译官李豪签字
  江西省议会议员谭振盖章
  又黄为相(同上)
  又张小宋(同上)

九江县教育会长马祖植(同上)
　　九江县助理员罗纲纪(同上)
　　九江县自治筹备处评议员文定祥(同上)
　　九江县劝学所员张敦锦(同上)
　　庐山清丈局局长万中桢(同上)
　　庐山警察署署长萧昌国(同上)
　　中华民国十一年十一月　　　日
　　为附记声明事,照得此次签立星洲俄东教堂租借纳凉地合同,后附粘地图标名 LULING,中文译为芦林,与华文合同内称星洲不符,嗣后均应以华文合同内所称星洲地名为准,特记。
　　大俄国驻汉俄民代表贝勒成阔签字
　　大俄国租借星洲地东教堂代表那克伐生(同上)
　　大中华民国九江关监督兼交涉员景启盖章
　　中华民国十二年一月　　　日①

在星洲租地案交涉过程中,星子县出了位民族英雄。关于这个英雄的故事目前看到有好几个版本,虽然文字较长,但也录下,以便后来者观看其中奥妙。

版本一为中国人民政治协商会议九江市委员会文史资料研究委员会编的资料所载沈国我的《勇抗沙俄的郑庚喜》:

　　自一八五八年六月,帝国主义列强逼迫清政府签订《中英天津条约》后,相继把魔爪伸进了庐山,强行划分了"租界地"。当时的沙皇俄国帝国主义也在庐山黄龙寺以南划了租界,建了

---

① 吴宗慈:《庐山志》上册,第417—418页。

一座东正教堂,并在租界地插上了"十不准"的禁牌。即:一、不准中国人建筑房屋;二、不准中国人洗衣物;三、不准中国人吐痰;四、不准中国人居住;五、不准中国人砍柴;六、不准中国人大小便;七、不准中国人坐路旁椅凳;八、不准中国人穿破衣裳;九、不准中国政府捕人;十、不准中国人在规定时间外出入。沙俄侮辱中国人的行径,激起了庐山人民的义愤,但腐败无能的清政府崇洋媚外,对此听之任之。

一九一九年四月的一天,在东正教堂附近,发生了一起震撼山谷的枪杀事件。被害者郑庚喜,星子县人,是个年方二十的大汉子,秉性刚强耿直,在东正教堂做勤杂工。教主尼娑和牧师万司铎企图扩大租界地,久有蓄谋。有一天,趁郑庚喜劳动余隙间,尼娑指着事先摆在桌子上的金银、钞票等礼物对郑庚喜说:"啊,忠实的朋友,上帝对您是多么仁慈啊,只要您愿为我们俄国服务……"尼娑的话还未说完,万司铎就紧接着说:"对,对! 假如您愿意帮个小小的忙,答应悄悄地把界碑搬到很远很远的地方丢掉,那么这金银、钞票全赏给您了。"郑庚喜一听,就知道这里面有文章,他一想,界碑是不能移动的。不论那里的界碑都要在中国政府的监督下打造的,为什么俄国人要悄悄地丢掉界碑? 沉默了一会,郑庚喜问:"那么界碑丢掉了,俄国人在庐山不就没有租界吗?"尼娑和万司铎不禁哈哈大笑,说:"朋友,您不必担心,再过几天,俄国人的租界将以一个崭新的规模在庐山出现,到那时,还要重重地赏您呢!"郑庚喜这才恍然大悟,原来是俄国人想偷占中国的地盘,还要导演一场做贼栽赃的把戏。郑庚喜当即严厉地痛斥道:"呸! 你们瞎了眼,想偷占中国的土地,还要嫁祸于人,这是白日做梦,告诉你! 中国人不是好欺负的。"由于郑庚喜大义凛然,抵制了俄国人的卑劣行径,他被尼娑一伙无理解雇了。

郑庚喜把尼娑企图用金钱收买他移界碑的事告诉了同伴黄长炳,俩人决计暗中注视着俄国人的界碑。几天之后,黄龙寺前面的老界碑不见了,发现在黄龙寺背后的小山坡上竖了块新界碑。于是,他俩分头钻进山林中寻找老界碑,准备打官司时拿出来作为俄国人偷占中国人领土的罪证。正当郑庚喜在一片荆棘中寻找老界碑时,被尼娑一伙发现了。尼娑见事败露,掏出手枪对准郑庚喜连放数枪,手无寸铁的郑庚喜应声倒在血泊之中。

郑庚喜被俄国传教士尼娑无辜杀害的消息飞快地传遍全山,愤怒的群众纷纷涌进沙俄租界找杀人凶手。黄长炳等人抬着郑庚喜的尸体在山上游行后,摆放在东正教堂门前示威,并请地方先生书写状子到警察公署,要求严惩杀人凶手,赔偿损失,归还领土。当时正是"五四"运动爆发前夕,反帝反封建、反对卖国的群众运动在全国各地风起云涌。庐山警察公署害怕事态继续扩大,无法收拾,宣布由测量局派出张秉钧等测量员进行实地勘测,查看俄国人是否有偷占租界地盘情况,然后再作处理。由于张秉钧等人秉公正直,经过数天的实地勘测,终于证实俄国人私自把租界地由原来的五百亩扩大到一千七百九十五亩。测量结果出来后,警察公署却毫无反应,原来他们是在耍缓兵之计的把戏。这一下,激怒了庐山人民,成千上万的百姓把警察公署团团包围,经过两天的示威斗争,警察当局不得不答应公开处理此案。

在审讯中,俄国人尼娑和万司铎对其私移界碑、无辜杀人罪行百般抵赖,黄长炳按事先约定好的信号行事,凡尼娑和万司铎狡猾抵赖时,黄长炳就举起右手,顿时全场响起愤怒的口号声,吓得尼娑等人面如土色。黄长炳举起左手时,全场立即鸦雀无声。当张秉钧宣布实地勘测结果后,全场口号此起彼伏。黄长炳将那块老界碑搬上公堂,尼娑和万司铎面对铁证终于低下了头。北洋军阀政府在这种情况下不得不作出决定:立即关闭庐山东正教堂,将尼娑和万司铎驱逐出境。

事后,庐山人民自发地募捐款项为郑庚喜举行隆重的安葬仪式,并在墓前立下了"郑庚喜遇难烈士纪念碑"的碑石,墓基两旁种下了两排倚天松。郑庚喜永远活在庐山人民心中,他的名字也将载入庐山人民反帝斗争的史册。①

版本二为政协九江市第十一届文史委员会编的《九江百年》所载张汉爱的《东正教堂的枪声》:

本世纪初,一位年仅20岁,未曾读过书的郑庚喜在庐山东正教堂做杂工、当教母要他做损害国家利益的事时,竟能不为威胁利诱所动,用生命捍卫了国家和中国人的尊严。

郑庚喜,星子县人,自幼随做石工的父亲蜗居庐山.其父在一次采石事故中丧生,不久母亲又病故。8岁的庚喜,孤苦伶仃,被孀居在庐山斗米洼的王母收养,王氏只有一个6岁的女儿昭英,这个3个姓氏组合的家庭,似一叶孤舟,在苦难中挣扎。

1919年,刚满20岁的庚喜,由在教堂做厨师的黄昌炳介绍入东正教堂做杂工,他勤快敏捷,朴实诚信,颇受教母欢心。第

---

① 中国人民政治协商会议九江市委员会文史资料研究委员会:《九江文史资料选辑》第1辑(内部资料),1984年,第74—76页。

二年昭英也被招去做女工。这对异姓兄妹自幼青梅竹马两小无猜。王母暗自欢喜,今日兄呼妹唤,他年若能夫唱妇随,真是我的福分。

1920年深秋,一个星期天的下午,教母把庚喜和昭英召到她的卧室,并亲切招呼在一张长沙发上坐下,茶桌上摆了外国点心,庚喜和昭英受宠若惊。教母坐在转椅上关切地说,你两人能到教堂做工,这是天主的旨意,只要一切都听从天主的安排,天主会赐福给你们。我知道你们不是亲兄妹,按中国的礼教是可以结婚的。我替你们做证婚人,一切费用由教堂安排。庚喜和昭英对教母突如其来的话还未反应过来时,教母又极为严肃地说:教堂要盖一幢新房,你们结婚也要房子,我想把教堂的地盘扩大些,今晚请你们把教堂地址的界牌移到前面的山洼里去,事成之后给你们各1000块银元。庚喜和昭英恍然大悟,原来教母是要我们帮她干侵占中国领土的罪恶勾当。

庚喜向教母解释说,教堂地址的界牌是中俄两国政府订定的,我们无权搬动。教母狡诈地说,没关系,你们中国地大物博,这点土地算得什么。好吧,再加1000元。庚喜坚定地说,再多的钱我们也不能做,这是犯法的呀!教母用疑惑的眼光,打量着这对穷孩子,为何不为金钱所动?良久,气愤地说,你们不遵从天主的旨意,就不能在教堂做工,马上离开教堂,马上离开!

庚喜和昭英拿着简单的行李,怀着沉重的心情离开了教堂。

王母对庚喜、昭英被解雇回来并不感到意外,洋人总是会欺负中国穷人。当晚三人围坐在火窖旁,王母叙述了一桩凄楚的往事,昭英四岁那年的夏天,我和你爸去牯岭卖柴,回来时买了几根油条挂在扁担头上,一对外国人牵了一条大洋狗走在后面,接近我们时那条狗扑上来咬油条,你爸吓慌了,随手打了那条狗一扁担。洋人恼羞成怒,唆使那条狗向我们猛咬,洋人的手杖也在你爸身上乱打。狗恶人毒,你爸遍体鳞伤,洋人哈哈大笑,扬长而去。你爸回到家卧床不起,贫愤交加,不到半个月就含冤离世。往事凄凄,三人抱头痛哭。王母擦干泪水,认真地说:你们都是苦藤上的瓜,择个吉日完婚吧。昭英望着庚喜,庚喜双膝跪下说,妈的大恩大德终身不忘。

　　庚喜和昭英虽然离开了教堂,还是担心教母不会放弃侵占领土的阴谋。回家的第3天,他俩乔装上山打柴,抄近路到达界牌原址时,界牌不见了,急忙向前寻找,发现界牌竖立在前面的山洼里,比原址扩占了两倍多。庚喜和昭英斩钉截铁地说:把它搬回原址去。教母做贼心虚,自搬动界牌后,每天都上山窥视,远远看见有人在移动界牌,惊恐万分,匍匐至近处,一看果然是他们来了。教母举起手枪对准郑庚喜的胸部连续射去,庚喜当即饮弹身亡!庐山林校几十名师生正在山间作业,听见枪声,向出事地点奔去,听着昭英抱着庚喜的尸体哭诉,师生们义愤填膺,呼声骤起,抬着庚喜的尸体至牯岭街上游行。庐山居民和一些主持正义的宗教徒,群起响应,游行队伍越集越大,群情激愤,要求严惩杀人凶手,归还侵占领土的呼声,震撼山谷。九江等地学联、工商业联合会,纷纷致电、致函声援。庐山警察署与俄国驻庐山办事处慑于群众压力,不得不出面处理此事。王昭英当庭痛诉教母罪行。黄昌炳出庭作证。经庐山测量局丈量,东正教堂教母丽沙偷订界牌,非法占领中国领土1200余亩,北洋政府决定关闭东正教堂。庐山居民及九江各界人士纷纷捐款,将郑庚喜义葬在殉难山地。出殡之日牯岭居民空巷送行。未婚妻王昭英手捧"亡夫郑庚喜之灵位"至墓前。目者潸然泪下。

《星子县志》对郑庚喜"位卑不忘忧家国"的黎庶胸怀,载入了史册。①

版本三是上面同一书中所载占开森的文章《九江近代史上几起中外冲突事件》中也说到此人:

> 枪杀无辜少年:1919年3月12日下午,星子县一农民在庐山芦林,俄国东正教堂附近砍柴,俄教士伊沃那持枪逞威,阻止砍柴,竟开枪射击,将路过此地的在余福兴铁匠铺的学徒工郑更喜(15岁,湖北大冶人)击倒身亡。中方多次向俄方交涉,要求惩办凶手。俄驻汉口领事将伊沃那带往汉口"讯办"。此事引起了极大民愤。19日下午,九江各界1564人举行公祭大会,为冤魂申冤昭雪,声讨俄帝国主义暴行。湖北同乡会也曾两次请愿声援。②

版本四是罗时叙在其书《庐山别墅大观》中说的:

> 1912年夏,庐山的石工黄长柄向浔阳道报告了俄教堂偷移界石,侵占芦林土地的行径。据此,道尹派员上山核查俄教堂越过原租约界限一事,结果发现侵占地竟是原租地的180%。于是江西省府分别命令九江海关监督、浔阳道尹、德化县知事

---

① 政协九江市第十一届文史委员会编:《九江百年》(内部资料),第474—476页。
② 政协九江市第十一届文史委员会编:《九江百年》(内部资料),第22页。

带警察上山,为俄教堂复行丈量,清出侵越之地。双方签字为凭,并转呈汉口俄领事,由他敕令俄教堂退还多占之地。因此,俄传教士对庐山石工怀恨在心,等待报复机会。

1919年3月12日,青年石工郑庚喜捡柴进入教堂墙内,俄某教士竟开枪将郑庚喜打死。庐山石工怒不可遏,团团围住了俄教堂,但凶手迅速逃离庐山。庐山石工将此血恨刻石,竖在牯岭西谷与正街交会的道旁。可惜此碑已荡然无存。①

版本五是《九江市志》记载:

民国8年(1919)3月12日,星子县农民余福兴、郑可喜在庐山牯岭的俄国东正教教堂附近砍柴,发现原界碑被远移,扩大了租界范围,便在树林中寻找旧界址,教士伊沃那竟开枪射击,余、郑2人饮弹身亡,群众捐款安葬,并立碑记其事。②

五个版本主旨差不多,但在时间、人物和情节上有较大出入。如此身临其境的文学笔调肯定有鼓舞人的作用,但很难经得起细节的推敲。目前关于此案,笔者也没有找到更多的资料,日后可能有考证的机会。

1924年5月31日,《中俄解决悬案大纲协定》签订,沙俄在华势力灰飞烟灭。湖北省政府收回俄汉口租界。苏联外交部致函中国外交部,宣布放弃帝俄时代在华所取得的特权以及庐山租借地。但对庐山东正教教堂及另属房产,委以中国政府妥善管理。

---

① 罗时叙:《人类文化交响乐——庐山别墅大观》,第384页。
② 九江市地方志编纂委员会编:《九江市志》第1册,第40页。

抗日战争期间,俄侨大部分撤走,芦林东正教堂的活动停止,教会遗留的产业只留几名工人看管。后日军侵占庐山,损毁大部分建筑。至此,在庐山的东正教的历史宣告结束。

第二节　庐山地区东正教的活动

东正教在庐山存在了近30年,但中国人信教的人数甚少。

宣统元年(1909),俄东正教因在山的俄侨众多(包括东欧各国),在芦林正中处建立东正教堂一座,建筑面积1200平方米,同时建筑别墅11幢及芦林医院、芦林小学、芦林游泳池各一处,一时使芦林成为东正教活动的社区。原本一片长满芦苇的荒地被开发成近百幢建筑群,并形成芦林商业小区。

当年在教堂当工友的叶某回忆:芦林东正教堂为仿哥特式及俄式相结合的建筑物,正面庄严肃穆,连塔尖高达16丈(50余米),配有多层石雕饰,竖立在芦林别墅群中,格外引人注目。每逢教会大节日,即由汉口教会委派阿德利昂神甫来庐山主持弥撒。当时散居在牯岭地区的东欧各国侨民和俄侨都定时到芦林教堂做礼拜。在东正教堂的华人雇工(含厨师和看房人)及俄阜昌茶叶公司、丰顺公司的华人职员都要参加教会的礼拜。[①]

另据记载,1911年在上海接受洗礼的索夫罗尼·王来到小池口,一年中为60人施洗。索夫罗尼·王同时还在这里开办了学校,但由于没有找到称职的教师而关闭。[②]

---

① 九江市地方志编纂委员会编:《九江市志》第4册,第1173页。
② 南开大学世界近现代史研究中心编:《世界近现代史研究》第5辑,中国社会科学出版社2008年版,第179页。

第六章
庐山地区的基督教（新教）

现在我们一般说基督教指的是基督教新教。"新教"这个词一般用来指历史上源自 16 世纪欧洲宗教改革的那些教会，它们脱离天主教教会，最早形成了路德宗、归正宗和安立甘宗（圣公会）三大新教主流派系。路德宗主要分布在德国的东、北部；归正宗分布在瑞士、德国的一部分，以及荷兰和苏格兰；安立甘宗主要分布在英格兰。后从安立甘宗和归正宗中又分出一些新的派别，如长老会、公理宗、浸礼宗和卫斯理宗等。1620 年，"五月花号"载着第一批新教清教徒到达北美洲，新教随之在北美广泛传播，并形成许多北美宗派。

新教与天主教的重要区别有以下几点：（1）反对教皇的权威。一方面一些新教信徒也对教皇怀着尊敬，但并不把他看作道德或教义的代表。（2）新教只认可两种圣礼，并且在圣餐礼中不作出信徒与教牧人员的区别。换句话说，信徒在圣餐中可以同时接受饼和酒。然而，需要注意的是，循道宗在传统上一直坚持在圣餐中用未发酵的葡萄汁，而不是葡萄酒。（3）反对天主教的某些信念，或者只是把它们看作个人可有可无的信念，而不是宗派官方的教导。这些信念包括炼狱的观念、圣徒代求的观念以及任何形式的对圣母马利亚的崇拜。（4）在第二次梵蒂冈大公会议之前，天主教会的礼仪要求使用拉丁文。这与宗教改革家的观点相反，后者认为所有形式的公共敬拜都必须使用普通人可以懂得的语言。①

新教进入中国内地的时间远远晚于天主教,但它在近代中国的扩张和影响却又远远超过了后者。来中国传教的第一个新教传教士是英国伦敦会的马礼逊(1782—1834),他于1807年到广州,通过开办医院、学校和出版翻译工作来进行传教活动。

新教传入九江后,先后有7个国家20多个宗派开展宗教活动,其中卫理公会(美以美会)、圣公会、基督复临安息日会、内地会影响较大,而又以卫理公会(美以美会)的势力为最大。

他们虽然同属于基督教,但其职衔和任命程序依宗派而异。圣公会教职人员分主教、会长(相当于其他新教教派的牧师)、会吏(副牧师)三级,称为圣品人,均受封职典礼,仪式隆重,由主教按手封立,为终身职。卫理公会(美以美会)教职人员除会督(相当于主教,由中央年议会选出)外,分牧师、副牧师、试用牧师、代理牧师(凡是非年议会的正式会员但负责一堂或一牧区的传道人则为代理牧师,系雇佣性质)等。其中试用牧师升副牧师、副牧师升牧师、代理牧师升为年议会会员需经年议会专设的考书委员会考试,合格者升级,不合格者允许来年再考。另外每年年议会召开时,年议会专设的牧师品行审查委员会还要对各位牧师的品行进行审查,对犯教规的,依严重程度予以程度不同的处分乃至开除。基督复临安息日会的教牧人员分为牧师、教士、传道士三级,在职务上分为长老和执事委员。

---

① [英]麦格拉思:《基督教概论》(第2版),第334页。

第六章　庐山地区的基督教（新教）

第一节　美以美会在庐山地区的传播与发展

新教最早进入九江传教的是美国的美以美会①。1867年,哈特牧师和陶德牧师受美国美以美会国外传教总会派遣由福州来九江开创宣教事业,任命哈特牧师为负责人。

哈特牧师是加拿大人,在加拿大教会界以"传教界政治家"而闻名。1865年,他与安大略法莫斯维尔年仅19岁的卫理公会女会员加利兰德结婚。婚后仅一个星期,受美国美以美会派遣,哈特夫妇便前往中国的长江流域传教。他们在长江沿岸建立了一系列卫理公会传教站,在南京协助建立了一所医院和一所男校。这所男校就是后来著名的金陵大学的前身。后在武汉建传教站,并由此向长江上游渗透,在1886年时进入四川。②

哈特等到九江之初,这个10万人的城市尚无人接受基督教。两年后宣教工作已开展至九江城东、西部,成为独立的美以美会宣教会。1870年,传教总会又派伊恩和霍尔两个男传教士来九江协

---

①　美以美会属于基督新教的一个较大的宗派——卫斯理宗。1784年12月24日,美国卫理公会(Methodist Episcopal Church)在马里兰州巴尔的摩成立。以后经过数次分裂,形成美以美会、监理会、美普会、循理会和圣教会等。其中最重要的一次分裂,就是1844年美国南北卫理公会因为黑奴问题大分裂,在美国南方的称监理会(The Methodist Episcopal Church South),在美国北方的则称美以美会(The Methodist Episcopal Church)。1936年时,美以美会的总部在纽约第5大道150号。1939年5月10日,美以美会、监理会和美普会(The Methodist Protestant Church)重新联合,称为卫理公会(The United Methodist Church)。从清末到民国,教会在中国举办了14所大学,其中美以美会就举办了两所。1888年,在南京举办汇文书院,后与其他教会举办的学校合并,发展为南京金陵大学。1889年在北京举办崇内怀理书院,后改名汇文大学,1916年与其他两所教会学校合并,改名北京大学,后又定名燕京大学,校长是司徒雷登。

②　潘兴明:《20世纪中加关系》,学林出版社2007年版,第36页。

助传教,在市区创办阜阆男校,专收男生。1872年,第一批独身女传教士浩爱格和昊格矩来九江加入传教工作。1873年1月,昊格矩在九江土桥口创办半日女校,专招女生。1873年,第一个女传教士医生麦森到九江,同时海格思牧师、崔麦特牧师、库克牧师也受国外传教总会派遣来到九江。

1869年,九江的传教工作被纳入华中传教区的整体计划,哈特牧师被任命为该传教区的负责人。1973年,美以美会在江西的第一座总堂——九江化善堂在姑塘建造落成,并把传教工作推进到九江隔长江相对的湖北省。据记载,此时,九江已有36人行洗礼,正式成为教徒。①

1875年,美以美会第一次在九江召开华中布道年议会,成立男布道会及女布道会。此后九江成为长江沿岸各城镇的传教基地,也是以后美以美会沿赣江、抚河传入沿岸各城镇的传教基地。以下是历年华中布道议会时间地点表。

年份	地点	年份	地点	年份	地点	年份	地点
1875	九江	1884	上海	1892	芜湖	1901	南京
1876	九江	1885	九江	1893	镇江	1902	九江
1877	九江	1886	镇江	1894	九江	1903	南京
1878	九江	1887	镇江	1895	南京	1904	南京
1879	九江	1888	南京	1896	九江	1905	九江
1880	九江	1889	镇江	1897	南京	1906	镇江
1881	九江	1890	上海	1898	九江	1907	南京
1882	九江	1891	九江	1899	南京	1907	南京
1883	九江	1892	南京	1901	南京	1908	九江

---

① 江西省地方志编纂委员会编:《江西省志·江西省宗教志》,第332页。

资料来源：Official Minutes of the First Annual Session of the Kiangsi Annual Conference of the Methodist Episcopal Church(1917), P. 72, Historical Register, Annual Meetings – Central China Mission. 美国哥伦比亚大学图书馆馆藏。①

1909年,镇江、扬州、芜湖、南京等地组成华中年议会。华中年议会1909年、1910年在南京召开,1911年在上海召开,1912年在九江召开。年议会是比布道年议会更高一级的权力组织,美以美会华中布道年议会升级为美以美会华中年议会,表明美以美会传教事业在华中地区的进一步拓展。在此期间的1877年,在福州传教的会督金斯莱来九江视察,认为九江和福州应该分开,此前,因福州为发祥地,九江华人牧师要经福州年议会才能封立差派。此后,九江年会议可以独立任事而无须再经过福州年议会。

1912年,在九江召开美以美会江西布道年议会筹备会。1913年,江西美以美会布道年议会正式在南昌召开。其后分别于1914年在九江、1915年在庐山牯岭、1916年在南昌召开江西布道年议会。江西布道年议会成立之初下辖赣河区、建昌区、九江北区和九江南区五大教区和几十个牧区。1950年,在九江担任过教区长的华人有王世清、胡其炳、江民志、蔡德高、徐镜湖、吴醒迷、王汉轩、周长安。②

经过五年的发展,江西美以美会布道年议会升级为江西美以美会年议会。1917年,江西美以美会年议会在九江召开。江西美以美会年议会也成为卫理公会在中国的十大年议会之一。

江西美以美会依照卫理宗的传统,自上而下地分为年议会、布

---

① 转引自黄志繁、周伟华：《近代基督教新教江西美以美会研究》,载《南昌大学学报(人文社科版)》2008年第4期,第99页。
② 九江市地方志编纂委员会编：《九江市志》第4册,第1170页。

道年议会、教区议会、牧区议会各级组织,权力集中在年议会,基层堂会权力较小。年会议由会督(相当于主教)负责,由中央议会选出,全国有会督四位,故全国十个年议会分为四个督区,江西议会属于上海会督区。年议会每年开会一次,由会督主持,老会督缺席可选举年长牧师代替。布道年议会是仅次于年议会的一级组织(其具体情况还有待进一步研究)。教区议会是年议会和牧区议会之间的承上启下的组织。必须有年议会授权,教区议会才能每年召开一次,由教区长任主席,教区长由会督选任,其职责是巡视教区,宣讲福音,检查当地教务诸般事务。牧区议会是基层组织,也是各牧区的管理机构,每季度开一次会,设牧师1至2人,女传道员1人,又名季议会,牧区议会由牧区长任主席,牧区负责人受会督或教区长委任,对一教堂或一巡环牧区(几个分堂)负责传道。传教人员实行巡回布道和调派制度。从申请入教,担任劝士、本地传道、出门传道直至长老、牧师,每个层级都需通过专门考试,所考科目由年议会确定。考试合格后,教会才发给证书。比如1903年规定,本地传道欲升任出门传道,需经四年的试用期,其间每年都有修读课程和严格考试。课表中除了《圣经》、教义外,尚有《地理全志》《人道溯源》《富国策》《万国通鉴》《中西关系论》《体学易知》《大美国史略》《格物探源》《三光浅说》《希腊史略》《地质学启蒙》《罗马史略》《自西徂东》等等。换言之,要成为一位美以美会全职传道人员,不仅要掌握《圣经》、神学与传道知识,且需熟知历史、地理、政治、经济、卫生和宗教各科知识。①

美以美会来到九江后,开办学校、医院,兴建教堂,使九江成为

---

① 以上内容均引自黄志繁、周伟华:《近代基督教新教江西美以美会研究》,见《南昌大学学报(人文社科版)》2008年第4期,第98—104页。

第六章　庐山地区的基督教(新教)

华中的一个重要传教中心。

　　1881年,哈特牧师回美国休假,教务遂由海格思牧师主持,同年将原阜阆男校发展为同文书院并设附属小学。美以美会1880年派来九江的翟雅各牧师和库思非牧师,先后都任过同文书院的校长。1883年,库思非等又为九江美以美会建造甘南堂和恩溢堂(即后街福音堂),又成立赣北鄂东教区办事处。1906年,改同文书院为南伟烈学院,设置高等教育课程,建造校舍的资金及维持学校的正常开支都由该会负责。外国人在中国开办大学遭到了当地九江人的激烈反对,1917年复又改为同文中学。关于同文中学,政协九江市第十一届文史委员会编《九江百年》中有一段这样的记载:

　　　　美国基督教卫斯理派组织侵入九江后最早在龙开河以东现九江中百站即龙开河批发市场一处开办"同文小学"。但地方太小不便扩展,1866年教会强迫清政府要地皮扩建,于是传教士骑着马绕南门湖跑了一圈,九江人称为"跑马圈"。这一圈是当时兴建的同文中学的范围。这个范围内包括能仁寺的山门,即现九江二中教师办公楼的山坡地一带,和肖家村的水田即现在九江二中的教学楼和大小各种球场,都是范围之内。肖家村的村民不愿离开赖以生存的田地,于是家族推选了3位代表在清政府九江道台衙请愿,并走三步跪一下插上一支香表示虔诚。请愿群众进谒后,被衙役驱回,留下3位代表即年长者。第二天挂在城门头上的是三个血淋淋的人头。罪名:勾结太平匪军,造谣滋事。事实上太平军仅只彭泽少量残兵败将,九江并无太平军踪影。肖家村全村村民都跑光了,现在星子县蓼花乡姓肖的全是当时由肖家村逃出的后人。这块地皮被美帝无偿占有了。在同文中学教学大楼正面有一块用铜钱组成花边的青石匾还珍藏在市博物馆内,铜钱已是绿铜锈,英文是金铂制作的。内容是:"这座建筑物是通过出售古币而建造起来的,这古币是唐代开元年间(公元713年)发行的,是大卫摩尔主教的及时帮助下于公元1901年在校园内发现的。"这古币到底有多少?价值多少呢?作者曾在1988年调查访问过九江基督教老教友原妇育保健院老药剂师李翰明先生(1992年逝世时93岁)。他说:"这件事情我是知道的,我13岁从浙江宁波到九江,当时这钱叫罗汉钱,这钱有两罐,每罐有铜钱2000个左右。听说当时一个铜钱可以换到一美元,美国许多博物馆收藏。"后来我到九江钱币学会查阅对照,当时兑换确实是一个铜钱换一个美元。美国基督教建这栋楼不但没有投资而且攒到一大笔钱,不然怎么舍得用金铂铸字立碑呢!这是美帝进行文化精神侵略的自供状。1869年、1906年改同文书院为南伟烈大学(预科)。1917年定为同文中学,毕业后与南京金陵大学教会学校接轨。①

1882年,女传教士吴格矩在柴桑路创办"传道女校",招收未婚女子及寡妇入校,学习《圣经》、教义,经3个月培训后即出来传教,后"传道女校"在九江仓巷购置土地扩建。1905年,传道女校又由美籍女传教士胡遵理发展为"诺立神道女校",自任校长,专门为各牧区培养女传道人员。1888年,吴格矩和美籍女传教士李恺悌把"半日女校"改办为"桑林书院",1907年又改名"儒励女中",并开办女中附属小学。

吴格矩和她的同伴收养了5个女婴,抚育长大后安排在儒励女

---

① 政协九江市第十一届文史委员会编:《九江百年》(内部资料),第16—17页。

中读书,并把其中一位养女九江人康成(又名康爱德)及九江美以美会首届华人牧师湖北黄梅人石宅裕之长女石美玉送往美国学医,成为中国第一批留学美国的女医生。康成、石美玉在美国获得医学博士学位后,1896年受美以美会国外女布道会的派遣来九江,在今甘棠南路创设但福得医院。1915年,美籍传教士裴敬思博士带溥乐和溥以利莎白二姐妹到九江创设生命活水医院,裴敬思博士在美国为一富有者,创设该医院及以后该院的一切开支仅为其私款奉献,直至新中国成立后被接管。

  1890年,李德立牧师在九江美以美会开设出版印刷事业,开办一个小型印刷厂。后建造房屋作为作业场地,从英国购进一套价值约2000美元的印刷机器,又用200美元添置纸张和印刷油墨,宣教出版工作得到发展。1892年,美国纽约的宣教总委员会承担这笔开支,并为以后印刷出版提供费用,整套装备遂被移交给班伯理牧师,由他负责。1898年,又相继添建一座大楼,添置相当数量的各种印刷用品,而且雇用11位男工,印刷数百万张的纸。1897年,印刷工作结束,设备被拍卖。①

  庐山牯岭开辟后,山中"以基督教为盛"。吴宗慈《庐山志》记载的14座教堂中属新教的达12座,基督教协和礼拜堂为庐山最大的教堂,"足容千人"。长住庐山的基督教家庭人数达到869人,并且"国人信仰者颇多"。随着传教士子弟以及牯岭的欧美侨民的增多,设立学校成为急需。1906年英美学校创立。时隔十年,由长老会、圣公会、复兴教会等教会组织和外籍教友联合创办"美国学校",其校舍规模较大,设施设备完善,图书丰富,达八千余册,教学内容充实,在当时颇有影响,直至1936年一直作为外国人在华中一

---

① 江西省地方志编纂委员会编:《江西省志·江西省宗教志》,第322—323页。

带最重要的学府而存在。学校具有浓厚的宗教色彩与氛围。教师由基督教士充任,接受基督教委会领导。每周日上午,校中教徒聚集礼拜堂讲道,并举行特种交谊礼拜,下午组织宗教讨论会,还经常开办其他各种宗教活动。

创办孤儿院是教会和教士的又一举动。1937年后,美国教士布朗夫人收养孤女二十余人,募集资金建起了"快乐家孤儿院"。她聘护士,雇保姆,请教师,悉心教养,颇有声誉。①

第二节 新教其他修会在庐山地区的传播

一、圣公会②

1905年,美圣公会派在华美籍传教士范美德(孟洋人)、沈克礼及华人牧师胡厚斋由汉口来九江开创传教事业。他们先租屋布道,后得上级教会拨款,遂购地建造一教堂名复生堂(位于原甘棠南路50号)。

九江牧师胡厚斋在武昌听了日知会刘静庵的演讲后深受感动,回到九江后,模仿日知会在大中路西门口一带(今大中路462号、463号)创办开化阅报社,并附设一平民学校,宣传革命。胡厚斋也是汉口基督教青年会的首任总干事,并成为武汉同盟会的重要

---

① 张国宏:《庐山宗教史话》,江西人民出版社2012年版,第103—104页。
② 圣公会,常用名"安立甘教会"(Anglicanism),基督教的第三大教派及新教第一大宗派,一般认为起源于6世纪末到英国的第一位坎特伯里大主教——圣奥古斯丁(坎特伯里)。17世纪时安立甘宗开始在美国、澳大利亚、加拿大、新西兰和南非等前英殖民地创立教会。从18世纪起,由一批圣公宗传教士在亚洲、非洲及拉丁美洲建立圣公宗教会。圣公宗亦在1884年开始来华传教。

成员。①

  担任过九江圣公会会长的还有著名的教育家孟良佐。孟良佐,美国人,出生于内布拉斯加。1898年毕业于内布拉斯加州大学,获文学士学位。1901年毕业于费城神学院,获神学博士学位。1902年来华传教。后任九江圣公会会长、长沙圣公会会长、《圣公会报》主笔。1917年任武昌文华大学校长。后参与创办华中大学,1924年任代理华中大学校长。1937年起,任鄂湘教区主教、汉口救灾委员会主席等。1941年太平洋战争爆发后,被日军拘禁,后被遣返美国。1945年返回武汉,筹备华中大学复校事宜。1948年回美国。②

  1908年,调华人牧师李元模来九江协助圣公会教务。这一时期,瑞典传教士林子渔和美籍传教士高达德在东门口创办安德烈小学,后小学迁到甘棠南路。1914年,改办为圣约翰中学,先后由林子渔及高达德任校长。附设辅仁小学,限招男生。1925年,圣约翰中学停办。1938年,辅仁小学停办。同年,又在东门口小学原址创办圣公会圣约翰医院。李元模之后,先后来到九江主持圣公会的会长还有黄德宾、罗家焕、张海民、向前盼等。1946年开始由华人牧师王尔斌主持九江圣公会的教务。王会长原在安徽芜湖圣公会圣爱堂任会长兼圣爱小学校长,后由皖赣教区调来九江复生堂任九江圣公会会长,一直到新中国成立后。

  圣公会在九江城区有房屋8栋,地产423方丈,兴旺时期的1931年有教徒百余人。至1951年底仅剩33人,而经常做礼拜的仅20人左右。

---

 ① 杨卫东、涂文学主编,裴高才、邓正兵副主编:《辛亥首义百人传》上册,中国社会科学出版社2011年版,第59页。
 ② 周川主编:《中国近现代高等教育人物辞典》,福建教育出版社2012年版,第699页。

圣公会的活动主要是传教,每星期日在教堂中有"公共礼拜"、"个别读道"与"宗教座谈"等形式。另有"儿童主日学",向儿童讲宗教知识。每星期六有"青年团契",召集青年教友过宗教生活。星期一为妇女传道服务团集会。此外,每星期一、三有"学道班",吸收不懂宗教而愿与之接近的群众听道,以培养预备教徒。星期四有"灵修会",召集教徒进行宗教修养的教育。[①]

二、内地会[②]

1869年,内地会上海总会派遣英籍传教士高学海首先到达九江,先在西门外购房开堂作临时布道所,但成效不大。1871—1872年,高学海三次长途旅行布道:第一次沿赣江向南远至万安;第二次遍游鄱阳湖周围城镇;第三次溯抚河直达抚州,又沿信江至安仁(余江),共走了102个地方。[③] 1873年,高学海在城外的鄱阳湖畔之大姑塘(在今庐山区周岭)始建江西省的第一座内地会总堂。五年后又在大姑塘购得一恒久产业作为江西省宣教事业的总部。

1889年,内地会再次把基督教传入城内,在柴桑路建一座教堂。到1906年,城内有教堂1座、外籍传教士及家眷4人,发展正式教徒18人。外籍传教士有英国人李思达、耿希光及周氏三姐妹。周氏姐妹在九江开办养正小学(抗日战争中学校停办)。1930年,由英籍女传教士耿希忠主持教务,教徒渐增。1935年又有英籍传教士德夫夫妇与庐敦厚3人来浔,教务有扩增,有教徒50余人。内

---

① 九江市地方志编纂委员会编:《九江市志》第4册,第1168—1169页。
② 中国内地会(China Inland Mission)是由英国人戴德生牧师于1865年创办的超宗派的跨国家的基督教差会组织。1964年,更名为海外基督使团(the Overseas Missionary Fellowship 或 OMF International)。戴德生(James Hudson Taylor,1832—1905),1854年加入伦敦的中国布道会(The China Evangelisation Society),到中国当宣教士。
③ [韩]李宽淑:《中国基督教史略》,第223页。

地会还在星子、庐山、都昌等地传教。

1887年，内地会把基督教传入星子县南康镇。英籍传教士都约翰·巴福山在县城发展一些教徒后，于1904年建一座教堂。到1906年时，有教堂1座、外籍传教士及家眷2人，发展教徒数十人。1909年，都约翰到庐山传教，教务遂由德籍传教士陶牧师接替，陶牧师对宣教极有经验，发展教徒达300多人。1920年，内地会又在县内建一幢二层教堂，并在教堂内开设"真理高初小学"，招收学生数十名，后又在蛟塘镇建造分堂。瑞士籍女传教士海永清长期在星子县传教，县人程正林、郭烈松、蓼花人张济函为著名布道员。1938年，日本侵略军攻占星子县，海永清迁转庐山，张济函被日军杀害。1942年，日军把蛟塘镇教堂拆毁，全部材料运送董家山建造日军营房。沦陷期间，星子内地会宗教活动停顿。1945年，抗战结束，外籍传教士梅利坚来星子县恢复内地会，购置土地近2亩，复建教堂。1947年，宗教活动恢复，起用星子人程正林为专职传教人员，不久按立为牧师。新中国成立后，星子内地会宗教活动减弱，经费也渐困难。1954年，程正林病逝，教务更为不振。到1958年，活动完全停止。①

1889年，内地会把传教事业推进到庐山，在庐山建造了一座教堂，并派外籍传教士及家眷4人驻堂传教，主要为夏季上庐山避暑的教徒提供宗教活动方便，庐山山上居民信教者极少。其后，内地会上海总会为了提高本会传教士的素质，又充分利用暑期集中休养的方便，建造了一幢楼房作图书馆及夏季内地会训练所。②

民国初年，原住永修县吴城镇的李志清迁至都昌县城，住西街

---

① 江西省地方志编纂委员会编：《江西省志·江西省宗教志》，第352页。
② 江西省地方志编纂委员会编：《江西省志·江西省宗教志》，第352页。

杜家祠堂，经营照相、石印、镶牙等业务。李志清原籍南昌县莲塘镇，是基督教弟兄会的热心教徒，对《圣经》及基督教圣乐颇为熟悉。李成为都昌县的第一名教徒。李来都昌后，一面经商一面传教。1915年，驻星子县的瑞士籍女传教士海永清来到都昌县城，住向家祠堂（在李住的杜家祠堂对面），和李志清一同进行传教活动，听而信之的渐有其人。1925年，海永清从星子派郭烈松、程正林、熊正练等人到都昌继续传教，在马涧桥的李家洲租房，开设耶稣堂，向附近村庄传教，信者有30余人。1928年，上海内地会派德籍传教士吴乐道夫妇到都昌传教，租金街岭黄姓房屋开设耶稣堂，正式成立内地会。吴与李志清一起，在县城及乡村开展传教活动，在徐家埠、马涧桥等地设立教会。

1929年，湖南圣经学校逐家布道队到都昌传教，由星子人布道员殷修德负责带村，队员共7人，先后在二都杜家、枫树李家、马涧桥附近的斯塘坂和万家湾、涂家埠、太平坂王国岗、三汊港等地传教，并设立教会。次年，红军来都昌闹革命，布道队便离开都昌。1931年，内地会又派芬兰籍女传教士席凤伦到都昌协助吴乐道传教。两年后，吴乐道夫妇回国休假。1934年，内地会又派外籍女传教士爱恩源到都昌。次年席凤伦也离开都昌。1937年，爱恩源调离都昌，往余江内地会传教。全县教务遂由李志清主持。

1939年，因抗日战争，都昌县政府由县城迁往三汊港，李志清也同往三汊港居住。1943年李因肺病去世，教会工作遂由吴义光牧师接任。吴牧师系都昌汪墩乡人，信教后热心宣教工作，被选拔到湖南圣经学校学习培养为专职传教人员。他曾先后在景德镇及乐平县担任过宣教工作。吴主持都昌内地会教务直到新中国成立后。其他传教人员有万仞山、魏继泉、王学亮、巴租楷。此后，都昌内地会历年都组织自己的布道队，在全县范围内传教，经费则由外籍传教士向上级内地会直接申请。抗日战争开始后,外国差会不再负责经费。为此,教徒罗仁爱等人在三汊港发动教徒捐款集资,创办"内地会纱布生产合作社",将经营所得的一部分来支付布道队的开支及教会其他费用,实行教会自治、自养、自传。合作社先由少数人经营,后扩展为全县教会经营。万警吾被推选为生产合作社理事主席,具体工作则由曹明奏、江先益、徐芳、何就吾等教徒负责。抗战胜利后,纱布合作社也迁到县城。那时县城没有宗教活动场所,都昌内地会决定发动广大信徒,在县城自建教堂,纱布合作社积极配合。在建教堂过程中,内地会在财力物力人力方面都发挥了重要作用。1948年,一座新教堂在金街岭建造起来。马涧桥的万家湾内地会还曾在1930年到1936年创办过一所"福源小学"。任教的是当地有才学的教徒,为附近青少年提供了就学方便。

　　由于都昌教会历来重视传教,所以新中国成立初调查时全县教徒有800余人,冠于赣北各县教徒人数,全县有23个活动点、7个教堂。

　　1942年,为了加强赣北各县内地会的联系,交流宣教经验,成立"江西内地会赣北联合会",参加的有九江市、星子县、都昌县、鄱阳县、景德镇、乐平县、万年县、余干县、余江县、贵溪县等地内地会,推选都昌万警吾为会长,星子郭烈松为副会长,会址设于鄱阳县内地会教堂。万警吾原为一秀才,信教后热心宣教工作,曾在湖南圣经学校函授科毕业,并曾到弋阳县内地会任过传道士。郭烈松是星子县的老传道士,曾被余干内地会请去传过教。1947年,赣北联合会改选鄱阳内地会传道士曾国安为会长,都昌万仞山为副会长。曾国安曾在外籍传教士办的博爱医院里随外国医生学过医,后被培养为传道士。万仞山毕业于重庆神学院,曾在南昌内地会传过教及在南昌圣经学校任过教员。新中国成立前,联合会每年秋后要在鄱阳举行聚会一次,会期约一周,通报各县内地会情况,交流宣教经验。新中国成立后自然解散①。

1933年,九江内地会教务由兰玉甲负责,直到1946年成立执事会。抗日战争时期,教士离开九江,教堂被日军占据,少数内地会的教徒附在卫理公会教堂中做礼拜。1948年,内地会教徒接收了原教堂,由华人古少弼负责。当时中国内地会外籍教士的子弟学校——芝罘学校由青岛迁来牯岭,九江内地会的德侨梅礼坚便在九江负责学校的供应和联络工作,并帮助城内教堂的传教。之后接任的有加拿大侨民顾立凯夫妇,他们直到1950年底离浔回国。

新中国成立初期,内地会在九江有房屋3栋、地产365方丈。该会活动规模不大,仅星期日与宗教节日召集教徒做礼拜。新中国成立初虽然聚徒讲道传教,但参与者人数大为减少,至1951年10月,教徒仅20人,他们多以小贩、小手工业及洗衣、保姆为职业,处于社会底层。②

三、基督复临安息日会③

1905年,基督复临安息日会华中联合会发动1200名安息日会信徒联合捐款,在庐山大林路637号建了一栋三层楼房,作为联合会暑期办训练班所用。整栋楼房第一层为住房,第二层为课堂,第三层为教堂。楼院内空地计2亩。到20世纪30年代,基督复临安息日会以此建筑为中心租得14块地皮,此区有房屋7栋,现存圣道

---

① 江西省地方志编纂委员会编:《江西省志·江西省宗教志》,第352—353页。
② 九江市地方志编纂委员会编:《九江市志》第4册,第1169页。
③ 基督复临安息日会(Seventh‐day Adventist)遵守星期六为安息日,盼望耶稣快来。以耶稣为中心,以《圣经》为信仰的基础,强调耶稣在十字架上的赎罪牺牲,在天上圣所中的服务,不久将回来接他的子民。这个教会的特点是守安息日,认定保持健康是信仰责任的一部分,并在全世界开展布道活动。基督复临安息日会特别重视出版事业,它的出版社于1861年组成,全球总会亦于1863年正式成立。

学校是庐山精品别墅之一。①

1906年,华中联合会派湖南人柳种广牧师及其他数名传教人员来江西开拓传教事业。柳种广来赣后,先到九江,租毛家巷民房做临时传教所,后迁大中路。待宣教工作有所发展后,柳氏便在柴桑路76号购地建造安息日会福音堂(即现在的督府巷18号)。不久,又开办一所三育小学。1922年,在九江小校场1号建造两栋两层楼房作为教会传道人员及职工住房。传道人员还有柳渡、方楚才、陈明道等。

1929年,经上海安息日总会及华中联合会批准,成立安息日会江西区,柳种广任第一届会长,领辖南昌、吉安、赣州、宜春、安源、修水、武宁、德安、九江等江西内地教务。随后,安息日会江西省区会分堂迁九江小校场。继柳种广后,澳大利亚人简默·思曾担任过一段时间的会长,但不久回国。联合会遂任命彭宪武为代理会长,并兼区会司库。继任的还有美籍教士史华清、罗文、傅来克。1937年,华中联合会调在三育研究社就读,因抗战而未毕业的寇崇一来九江任区会代理干事。1938年,日军进逼,省区会及九江教会的教职人员遂疏散去吉安避难,九江境内的安息日会宗教活动停止。

抗日战争胜利后,九江安息日会的教务由传道士胡慕迪(又名秉臣)主持,直至九江解放。

安息日会在九江有教堂1座,房屋4栋,地产162方丈。1937年,有教徒300余人,但至1950年仅剩30人。②

---

① 罗时叙:《人类文化交响乐——庐山别墅大观》,第406—407页。
② 九江市地方志编纂委员会编:《九江市志》第4册,第1169—1170页。

第三节　新教人物

哈特牧师,加拿大人,在加拿大教会界以"传教界政治家"而闻名。1865年,他与夫人加利兰德受美国美以美会派遣来中国传教。来到中国后,哈特夫妇在中国的长江流域传教。1869年,在九江担任美以美会华中教区负责人。他们在长江沿岸建立了一系列卫理公会传教站,在南京协助建立了一所医院和一所男校。这所男校就是后来著名的金陵大学的前身。后在武汉建传教站,并由此向长江上游渗透,在1886年时进入四川。

昊格矩,美国密歇根州人,美国基督教美以美会妇女外洋布道会西渡第一人。清同治十一年(1872)夏大学毕业时,接美以美教会商请电报,问愿否与宣教使一道远游中国。她取消了去印度的计划,启程西渡太平洋,当年秋抵达九江。经过几个月的策划与筹备,于同治十二年(1873)初,她在九江城外江边土桥(今庐山路北端)租赁广舍数间,办起了一所半日制女子学校,并亲主校政。其宗旨:"造就女子文明资格,养成女子高尚程度,使其学识足于服务社会,得与男子同享权利,不复有轻重之别也。"采取"学费不收,衣食均仰于学校"的招生措施,然而报名者仅有两人,全系该校中国教员的亲戚。但她坚持办学,并于1876年迁入城内南门口新址,改名"桑林书院"(即后儒励女中)。光绪三十四年(1908),又在浔城先后办起了"化善堂日学""后街福音堂小学",还在二马路南端办起了一所完全小学。这三所小学,连同宣统二年(1910)由女道部和日学部联合在龙山路办起的女子日学,后来均由美以美教会日学顾问傅义德女士接办,先后改称"翘志小学""翘材小学""翘秀小学"和"翘德小学"。日寇侵占九江时,均被迫停办整整十年。抗战胜利后复校,称"私立四翘联合小学"。新中国成立后,"翘志""翘材"分别并入现在的"柴桑""东风"小学,"翘秀""翘德"则分别改造为今日的"滨兴""龙山"小学。① 傅义德1928年在南昌病逝。

　　海格思(1852—1921),美国美以美会传教士,他于1873年来华,一直在九江传教。1898年(清光绪二十四年),海格思租得庐山医生洼地面,建造别墅以及教堂。1893年11月1日到上海,成为美华圣经会的第三任总干事,海格思是美华圣经会任期最长的总干事,除1903年11月底至1905年3月15日,海格思回美国休假,他在任长达27年,非常能干。在他主持期间,美华圣经会坚持对施约瑟翻译《圣经》事业的支持,促成全国范围内统一的深文理和合译本、浅文理和合译本、官话和合译本《圣经》的全部完成,《圣经》销售发行量以及经费较前两个总干事时期有大幅度增加,《圣经》销售全国分区制度的建立和《圣经》进入清朝宫廷等是他值得书写的功劳。② 1894年,参与并组织制作一本豪华版的文言中文版《圣经》,送给慈禧太后做生日礼物。这本《圣经》被教徒们称为"新约献本"(the Presentation Bible),海格思主教曾颇为自豪地说:"据我们所知,这是首次被宫廷接受的中文版《新约全书》。这无疑也是首次向紫禁城内一名位高权重的人敬献这样一份礼物。伴随这份礼物的,还有上万名女基督教徒的祷告,我们完全有理由相信这部《新约全书》会被人阅读,也希望它会让有些人'对灵魂的拯救有所领悟'。"③

　　翟雅各(1851—1918),又译杰克逊,英籍美国人。1877年受美

---

① 九江市教育志编撰委员会编:《九江市教育志》,第571页。
② 徐以骅、张庆熊主编:《基督教学术》第4辑,上海古籍出版社2006年版,第181页。
③ [美]刘禾:《帝国的话语政治:从近代中西冲突看现代世界秩序的形成》,杨立华等译,生活·读书·新知三联书店2009年版,第192页。

国美以美会派遣来华,在广州传教。1889年加入英国圣公会,先后在芜湖、九江、武昌等地传教。1880年担任九江同文书院校长。1901年任武昌文华书院校长。1905年主持改书院为大学,同年至1917年任文华大学校长。其间,仿照英国公学传统,确立办学特色,拓展办学规模,注重神学教育。1918年病逝于九江。编注有《创世记注释》《出埃及记注释》等。①

库思非(1852—1925),美国人,又名苦夫,出生于德国。在美国学神学,获博士学位。1881年受美以美会派遣来华,在江西九江传教。1906年主持改同文书院为南伟烈学院,同年至1917年任校长,后任九江同文中学校长。曾提倡通识教育,主张灵、智、体应当全面发展,倡导培养教会学生的基督化。1886年,库思非在当时的《教务杂志》发表文章,阐述了关于中国近代英语教育的观点,认为中国社会正迫切需要英语和科技人才,传教士应该尽可能地教授英语和科学,使教会学校的学生在未来的工作岗位上具有竞争力。②

胡遵理(1874—1951),美国女传教士。1874年,胡遵理出生于美国新泽西州的传教士家庭。1905年受美以美会派遣,到南昌传教。次年发生南昌教案,胡遵理离开南昌,到九江任诺立女书院院长。1920年,她与留美回国的中国女医生石美玉脱离信仰已经转变成为"现代派"的美以美会,从九江来到上海,创立了伯特利教会和伯特利医院(今上海市第九医院),以后又陆续增设伯特利中学、伯特利神学院、伯特利孤儿院。20世纪30年代,曾经每年组成全国巡回布道团,成员中著名的有宋尚节和计志文,影响很大。1937

---

① 周川主编:《中国近现代高等教育人物辞典》,第716页。
② 张美平:《晚清外语教育研究》,中国社会科学出版社2011年版,第257—258页。

年,淞沪会战爆发,伯特利神学院迁往香港九龙嘉林边道,医院迁往上海法租界内的白赛仲路(今复兴西路),胡遵理和石美玉则赴美国退休定居。1951年11月29日,胡遵理在美国去世,享年77岁。

康成(1873—1931),又名康爱德,女,江西九江市人(后加入美国籍)。1873年,康成生于江西九江一个贫苦家庭,父母亲具有传统的封建观念,重男轻女。在她出生前,家里已有五个女孩。正当父母热切盼望男婴诞生之际,康成来到这个世界,父母的失望之情可想而知。故从她诞生之日起,就成为这个家庭中不受欢迎的人,更为这个原本贫穷的家庭增添了经济负担。正当此时,一位在九江的美国女宣教士昊格矩伸出援手,收养了这个可怜、无辜的小女孩。在那种家庭处境下,康成父母当然也乐得将女孩送她抚养。这样,康成就成为昊格矩的义女。几年之后,康成入九江儒励女校读书,在那里与石美玉相遇,结为朋友,此后二人成为终生的密友。光绪六年(1880)随昊格矩赴美国旧金山一所小学读书,两年后又回到中国。因昊格矩教士被差往华西开拓美以美会的宣教事业,康成就随她在重庆住了两年。13岁时,她们才又回到九江,康成再入儒励女校继续学业。1892年,昊格矩教士带康成和石美玉赴美国读书,二人双双考入密歇根大学医学院,并共同寒窗苦读四载,于1896年春毕业。该校负责人曾言:"莫谓中国人不足言,彼中国人之所能,庶非我所能也。"随后她们到芝加哥一所医院实习半年。同年秋,她们又一起接受美以美会国外妇女宣道会的差遣,以医疗宣教士的身份回到九江服务。有感于康成在国运艰难之际归国,梁启超在他办的《时务报》上撰文《论江西康女士》,对其身世和学业成绩大加宣扬。《申报》《潮学校》《留学生学委报》也刊文赞誉其为中国女留学生之英才。她们一回到九江就开始了医疗宣教工作。她们起初设立了只有一间诊室的医疗所。就在这间诊所里,两位年轻的女医师在短短的十个月内竟诊治了2300多位病人,而且还有300多次外出巡诊。她们高超的医术和仁爱之心很快就赢得当地百姓的信赖与爱戴。1898年,她作为中国代表出席在伦敦召开的国际妇女会议。是年,得到美国芝加哥医院医生但福德博士的慷慨捐助,在原诊所的基础上筹建但福德骨科医院(今九江妇幼保健院前身),设诊室15间、病床96张。经过一年多艰苦努力,医院几近落成。正当此时,义和团兴起,基督教在华事业受到很大冲击,石美玉父亲亦未能幸免于难。康成她们被迫离开九江,避难于日本约一年之久。1901年之后,她们才回到九江。是年12月7日,九江妇幼医院(Elizabeth Skelton Danforth Hospital)正式落成启用。为九江医疗宣教事业奠下良好基础之后,康成随义母昊格矩教士于1903年离开九江到南昌开辟新的宣教工作。她先在南昌设立诊所,1902年秋到南昌开办"康济医馆",其医术誉满省城,人人皆知"康医院"之名。1905年新的医疗所落成。经过她多年的努力操持,医疗事业得到很大扩展。据1911年统计,经其诊所救治的病人已达8000多人。除医务工作外,康成也积极参与宣教及社会改革工作,特别热衷于中国医疗教育事业。1905年她出席了在上海召开的中国教育协会第五届会议,并发表了有关医学教育的专题演讲。1908年,康成利用长期休假的机会再度赴美,进入美国西北大学攻读文学。1910年春,她以女青年会代表的身份,参加在德国柏林召开的国际女青年代表会年会。会后转赴英国,在从事热带疾病研究的同时,完成其在西北大学的学士论文。1911年1月,她获得西北大学的文学学士学位。同年3月返回南昌。1911年,由于得到美国教会赞助,她在上营坊购地建成三幢大楼,医院更名为"南昌妇孺医院"(今江西省妇幼保健院址),自任院长。医院设病床60张,收治妇科疾病患者,并开始服务于民众。孙中山曾亲临医院视察,颇为赞许。1926年,又开办

"高级护士学校"及孤儿院,收养孤寡老人、残疾人。康爱德为人诚恳,慷慨大方。护校学生若家境贫困,准予免费入学,对原教会学校葆灵女中的学生也经常无偿帮助,多次为教学捐款捐物。她虽身兼数职,但每天坚持门诊,遇有大手术,亲自主刀,直至年迈。武昌革命爆发期间,康成的医院照旧营业,本着济世救人的宗旨,抢救交战双方的伤员。康成有一颗宽广的基督徒仁爱之心,特别对那些贫苦的百姓,她常常免费施医,因此医院不久即出现亏损。为偿付债务,康成远赴天津担任医师,因为那边的待遇优厚。经过三年时间的劳苦,终于还清债款。她返回南昌,重掌医院院务。当地政府为表彰她的杰出贡献,特地拨发两笔基金给她,使妇幼医院得以继续向前发展。长期的过度劳累使康成心力交瘁,健康大损,终于被疾病击倒,于1930年在上海溘然长逝,时年仅57岁。①

石美玉(1873—1954),中国医学界最早留学美国的女医师之一,20世纪中国著名的女布道家。她1873年生于湖北黄梅,7岁时因家境贫寒随父亲到九江谋生。其父母被卫理公会宣教士带领信教,父亲后来成为一位牧师,母亲在教会女塾任校长。石美玉是在虔诚的基督教气氛和对中国某些传统习俗极不相容的态度中成长的。例如,她父母没有给她缠足,是华中周知的第一批"大脚"姑娘中的一个,她母亲还教他读中国古书和基督教书籍。1892年,石美玉读完中学,时年19岁,与康成一起去美国学医,她们是中国女医生的先驱人物。石美玉在美国取名石玛丽,康成取名康爱德,两人通过了数学、修辞学、历史、物理、拉丁文的入学考试,以优异成绩于1892年秋考入密歇根大学医学院。1896年,她以名列前茅的成绩

---

① 《江西省人物志》编纂委员会编:《江西省人物志》,第339—340页。

毕业,被授予博士学位。她和康成是最早获得美国大学医学学位的中国妇女。同年入美国美以美会女差会。1896年夏,石美玉在芝加哥医院实习后,卫理公会妇女外国传道会打算派她到中国,于是她与康成一起作为衣阿华分会派遣的代表回国。对两名青年医生到九江行医,起先当地居民表示怀疑,但很快转变为信任。石美玉后来说起在九江的头十个月内,她和康成一共替2300个病人看病,出诊300次,她们只有一间房的医院总是挤满了人。慕名而来的病人越来越多,原先的小诊所显得捉襟见肘。石美玉写信给美国的朋友,请求捐款相助。石美玉擅长交际,在美国颇受朋友欢迎,她的信发出不久就有了回音,芝加哥名医但福德为纪念去世的夫人,愿意出资委托石美玉在中国建造一所以其夫人名字命名的医院。1900年夏,医院快要开业时,因发生义和团运动而被迫停止,石美玉的父亲亦遇害。石、康两人逃到日本。她们于1901年回国,医院于12月7日开业,石美玉任院长。在她的主持下,医院逐渐发展,平均每月有千人求诊。为了医院的长远发展,石美玉二度赴美筹募资金。由于医院在美国享有良好声誉,所以得到了大批捐款,她回国后用这笔钱将医院扩充了一倍,接诊病人大量增加,仅一个月就诊治2743名病人。石美玉的不懈努力赢得了人们的普遍信任和尊敬。有一段时间,她染病在家休息,九江知府竟出告示禁止任何车马经过她门前的街道,以免影响她养病。石美玉受爱戴的程度由此可见一斑。石美玉除了管理医院和看病,还在九江建立了护士学校,二十多年里培养了五百多名中国护士。由于西医在当时的中国还是很新颖的,为了传授医学知识,石美玉自己动手编教材,把英文医学书籍翻译成中文,供护士学习。她不仅医治人的身体,还医治人的心灵。她除了教导护士们医药知识之外,还开办礼拜四的查经班。

训练出来的人自然是才德兼备,技术纯熟,服务爱人。她还在九江办了一个伤残诊疗所,并且还从亲属中和贫苦家庭中各收养了两名义子。1906年,美国宣教士胡遵理来与石美玉共事。1915年,石美玉与伍连德、颜福庆等筹组中华医学会,一度任副会长。在胡遵理推荐下,1918—1919年,她获得洛克菲勒基金会的资助,进入美国约翰·霍普金斯大学医学院研修。在美期间,她四处演讲,向美国教会介绍中国的情况,鼓励中国留学生回国服务。1920年石美玉回国,与昊格矩一起在上海组织创立了伯特利教会和伯特利医院,还开设了两间药房和一所护士学校,她们还在家中收养了36个贫穷的中国孩子。这些孩子长大后,她又将他们送入大学深造,其中不少人循着她的足迹,留学归来报效祖国。1920—1937年间,伯特利护士训练计划闻名全国,在全国各地招生,训练了好几百名护士。

  石美玉是产科专家,慕她之名前来学医的学生遍及全国各地,还有的来自越南、缅甸、新加坡和檀香山。至1937年,共有600名学生毕业获得了中华护士会证书,并深入民间服务。伯特利机构还办了小学和初级中学、教义班和孤儿院,石美玉还为护士举办读经班。她希望青年妇女在离开伯特利以前能接受耶稣基督为救主,日后能成为护士兼传道士。在此期间,石美玉作为传教士的名声已大于医生。她是授有圣职的华中地区第一名中国妇女,任中国妇女节制联谊会第一任主席,又是全国基督教联谊会会员。1918年8月19日,石美玉同余日章、陈维屏、诚静怡、胡素贞、蔡苏娟等七人在牯岭莲谷夏令营组成了中华国内布道会,由丁立美牧师任总干事。这是华人第一个布道组织,差遣宣教士在中华大地宣教,足迹遍及全国各地,对教会发展影响甚大。1920年,由于受当时盛行的自由神学影响,在华的卫理公会的信仰转变成为"现代派"。石美玉无法认同"不信派"的立场,遂与胡遵理一同离开了卫理公会。1921年,中华医学会上海支会成立,她被选为副会长。1930年,从美国远道而来的卫理公会的亚斯伯里大学环球布道团参加了伯特利夏令圣经会。伯特利教会受感动,效法他们,于1931年2月,由计志文发起,也成立了"伯特利环球布道团"。布道团的足迹遍及中国各省,延及海外。其间,石美玉除在她妹妹去世的时候曾回九江但福德医院负责一段时间,大部分时间是在上海从事布道。抗战期间,石美玉和胡遵理到香港,把伯特利教会发展到香港,创办当时最有规模的伯特利神学院,并设有中学。学院造就了不少的青年,成为海外一代教牧的骨干。抗日战争爆发后,原设在上海南市制造局路639号的伯特利医院被日军强占,乃迁至沪西白赛仲路(复兴西路)另设分院。医院派出医护人员每周到难民收容所和伤病医院义务进行救护工作,孤儿院则迁至贵州独山毕节。之后,石美玉又在法租界另设分院及诊所。太平洋战争爆发后,租界沦陷,分院及诊所业务近乎停顿。抗战胜利后,石美玉在美国积极筹划经费,在废墟上逐步复兴伯特利医院。伯特利医院业务逐步恢复,由石成志任代院长。1951年5月,石美玉要求上海市政府接办医院。1952年12月,伯特利医院更名为上海市第九人民医院。1954年12月,石美玉于南加州巴沙德纳去世。①

裴敬思(1875—1958),出生在美国康涅狄格州首府哈特福,他的祖父与父亲都是银行家,裴家在当地是很有财富与声望的家族。裴敬思先后在耶鲁大学攻读文学,在哥伦比亚大学学习法律和医

---

① 包华德主编:《民国名人传记辞典》第九分册,中华书局1980年版,第96—98页。

学。1910年取得医学学位后,他陪同母亲来到中国旅游,其间特别安排十天参访九江石美玉医师主理的医院。裴敬思在这十天里,仔细观察中国基层医疗的实况,也用他刚刚学会的一些中国话,多次代替石美玉出诊,真实看到中国社会与家庭的需要。回到美国后,他将这十天的经历写成一本小书《一窥中国之心》(*A Glimpse of the Heart of China*),该书1911年在美国出版。裴敬思在书中对石美玉极表佩服,因为她除了要做大量的医疗工作,包括一年四五千次门诊和照顾六百个住院病人外,还要照顾四个领养的男孩,参与三所学校的教育工作,但她总能保持稳定的情绪和周到的人际关系,展现出美好的生命品格。1918年,他来到九江,创办生命活水医院。"生命活水"一词来自圣经《启示录》22章17节:"口渴的人也当来;愿意的,都可以白白取生命的水喝。"裴敬思慈善和蔼,视病人如亲人,加上他精湛的医术,很快便打消了老百姓对西医的疑虑,他的医术医德传遍九江。医院本着"救死扶伤"的信念救治了无数人的生命。1941年底,珍珠港事件爆发,日美交战。1942年,生命活水医院的其他美国人先后回国,医院被迫停办。抗战胜利后,直到1947年医院才恢复。九江解放后,人民政府接管了该医院,院长裴敬思于1950年11月3日才离开九江回国。①

孟良佐(1878—?),美国内布拉斯加州人,1898年毕业于内布拉斯加州大学,获文学士学位。1901年毕业于费城神学院,获神学博士学位。他是圣公会传教士。曾任武昌圣公会会长,九江圣公会会长,上海圣公会报主笔,武昌文华大学、华中大学校长,湘鄂教区副主教、主教,武汉难民救济委员会主席,湖北省国际分会主席。提

---

① 高平编著:《浔阳遗踪》,江西人民出版社2006年版,第29页。

倡新学,支持日知会和辛亥革命,曾参与营救党人刘静庵,反对袁世凯立孔教为国教。国民政府曾以他对我国教育事业有贡献给予嘉奖。1948年退休返国。①

---

① 湖北省地方志编纂委员会:《湖北省志人物志稿》第3卷,光明日报出版社1989年版,第1558页。

第七章
庐山近代外来宗教文化的影响

随着九江通商口岸以及庐山牯岭的开辟,庐山地区在江西率先进入了近代化社会。所谓近代化是指工业化和与工业化相伴随着的政治、经济、文化等方面的变化,这种变化导致社会结构的转型,即从中世纪社会转化为近代社会。外来宗教文化对庐山地区的近代化转型提供了思想支撑和精神基础,尤其是对庐山地区的宗教信仰结构产生了重大影响。

第一节 外来宗教文化与庐山文化近代化

文化事业的近代化主要指教育、出版、媒体以及社会思想等的近代化,庐山地区文化近代化是在西方宗教传播并依靠西方工业文明的物质成果的支持下展开的。庐山地区近代文化事业的开启和发展与外来宗教文化的传播密切相关,甚至就是在外来宗教的推动下逐步推进的。

一、教育

庐山地区的教育在古代社会就十分发达,其重要标识是庐山的白鹿洞书院。中国古代教育长时间以科举为中心,近代教育真正从官方开端应该是始于光绪末年,清廷诏令废科举、兴学堂。庐山地区教育的近代化,由于西方宗教传入后教会学校的开办而早于官办教育。

近代庐山地区最著名的教会学校是九江的同文书院、儒励女中、但福德护士学校以及庐山牯岭的外国学堂。这些学校的开办虽然以传播基督教思想为宗旨,但客观上促进了庐山地区近代教育事业的发展,为近代化培养了许多新型人才,大大提高了整个城市市民的文化素质。

这些教会学校环境优美,校园及教学设施在当时都是一流的,而且师资力量雄厚,将西式教育引进中国。这些学校还大多带有慈善性质,并不是学费高昂,以至于平民孩子望而却步。九江的"半日女校"初期小学经费主要来自于美国基督教会,学生学费免收,衣食也由校方供给,每人每月还有约半块银元的零用钱。如果对幼弱生进行互助,还可获二十五钱。一本书能背诵出来,则奖两个钱。为防止学生中途退学,学校与学生定有初小三年和高小五年在校学习公约,若学生中断学业,则学生必须赔偿学校所给费用。教会学校的课程设置除了宗教课程外,也按照近代教育分科开设自然科学基础课程。很可贵的是,这些外国传教士开办的学校还开设了中国文化课程。比如九江的"半日女校"就有国文课,以《三字经》、《百家姓》、《女儿经》、《论语》等为目。这表明这些"侵略者"并不完全以文化侵略为其目标。除了国文课外,还有英文、地理、算术、植物学、动物学、《圣经》等课程,课外活动也十分丰富。[①]

这些教会学校师资力量雄厚。在学校担任教师的基本都是受过良好教育的传教士或者教徒,多数具有大学学士学位,有的甚至具有博士学位。九江神哲学院主要是为教区培养神职人员,所以教师水平之高在当时江西无能匹敌者。这所学校的大部分课程用拉

---

① 向萍:《从桑林书院到双峰小学》,见《九江文史资料选辑》第6辑,第31页。

丁文讲授,是一所高水平的神学院。九江儒励女校的第二任校长、美籍传教士李恺德女士曾获美国爱欧滨大学学士学位。美国爱欧滨大学教授儒励女士又为密歇根州《新华报》的副主笔,她在该省设立了多处女布道团,献身于慈善事业,系吴格矩校长故旧深交,对吴格矩校长在九江创办的女子学校热情支持。1905年,在密歇根州议会每年举行的感恩节捐助活动中,儒励女士向议会提议,将感恩节捐助之资转赠给九江兴建中学教学大楼。经过努力,此议获得通过。为纪念儒励女士鼎力相助之情,特将女校由"桑林书院"改名为"儒励女中"。1928年,华籍吴懋诚女士自美国明尼苏达大学获硕士学位归来后,接任李恺德职务,为国人任儒励女中校长第一人。在此校担任过教师的还有:女教师吴宝贝,曾留学美国;周鸿春,清朝优廪生,江西优级师范毕业。正是有这些优秀的教师,儒励女中培养出了很多优秀学生,其中最有代表性的是康成和石美玉,她们是我国最早的留美医学生,学成回国后为我国的医学事业做出了卓越的贡献。

教会学校以培养基督教人格为目标,为实现这一目标,在教学过程中将全面教育和宗教教育结合起来。① 传教士无疑是为基督教的利益而办教育的,他们认为只有把教育与宗教结合起来,并服务于宗教才有意义,同时教育也是传教的重要手段和方式。所谓全面教育指对中国语言文化、数学、现代科学和基督教真理有一个较好的了解,从而能真正献身上帝。这些学校虽然以宗教教育为目标,但不是简单地进行教义训导,而是努力与近代社会科技进步和知识传播相结合。这一方面保证了宗教教育的纯正性,另一方面客

---

① 参看陈书平:《民国江西新教学校及其基督化人格培养研究》,南昌大学硕士论文,2004年12月,第62—63页。

观上也起到了传播新科学和新知识的作用。由此,这些教会学校一般会把《圣经》课程列为必修主课,同时也要进行日常宗教活动。例如九江儒励女中,每日早晚和星期日的宗教活动全体学生都必须参加,否则以旷课论处。九江的翘志、翘材、翘秀和翘德四所小学近旁均设有礼拜堂,每逢星期天,学生在教员教徒带领下去教堂做礼拜,诵经讲义。① 这些学校的毕业生大多成为基督徒。

教会学校培养学生基督教人格首先是为教会以及当时的殖民者服务的,这应当是不容置疑的,然而,在当时的社会状况下,无疑也有规范社会生活、接受近代生活方式以及净化人们心灵之作用。在规范社会生活方面,教会学校提倡平等、博爱的人际关系。教会学校讲究尊师爱生,也鼓励学生互助,实践基督教主张对弱者施以援助的博爱精神。九江儒励中学规定,如果对幼弱生进行互助,就可获二十五钱。富裕家庭孩子帮助贫困同学完成学业的很多。余振华回忆她1930年考入儒励女中,几次因家贫而差点辍学,是在同学刘世惋的帮助下才初中毕业的。② 学校教师对学生的关爱让学生终生难忘,并学会了如何爱人。九江同文中学校长熊祥煦的女儿回忆她母亲(当时校长太太兼校长助理)时写道:"有个学生病的不轻,看来是肺炎,家住乡间而且家境贫寒。妈妈当即决定:不能送病人回家,恐怕路上有意外。再说他家条件比较差,便安排将病人由集体宿舍搬到单独一处隔离房间,每天让医生来看病人。这期间,妈妈和一位工友轮流照顾病号,饭食从我们家里拿去,喂病人吃,按时给药,帮病人清理病床及做其他卫生工作,直至病人痊愈,搬回到

---

① 黄真:《教会办的"四翘"小学》,见《九江文史资料选辑》第6辑,第17页。
② 余振华:《儒励中学求学琐记》,见《九江文史资料选辑》第6辑,第52页。

集体宿舍为止。"①

1933年考入同文中学的张翊回忆:"物理老师是美籍贺兰德先生,师母则教我们英文,夫妇二人诚恳而又亲切,贺师母说我身体不好,营养不良,嘱我每日中午到她家喝牛奶,其中还加了一个鸡蛋,如此直到高中毕业……每逢周末晚,我们全班同学都到贺老师家中,作家庭聚会,聊天、听音乐、吃夜宵,其乐融融……大约是在高二或高三时,我因家中经济困难,无力缴纳学费,只好硬着头皮去校长室。不想,熊校长和颜悦色,一口答应我免交学费,并给我作工读生,如此才能完成学业,考入邮政。"②张翊大学毕业后,曾任台湾邮政管理局副局长、邮政总局主任秘书。

同文中学毕业的张之翔回忆说:"高三下学期教我们国文的是李步青先生,他是国学大师章太炎的学生。有一次,他在路上见到我,对我说:'听说你在农村,生活有困难,我帮你交一个月的伙食费,从我的薪水里扣,这事你不要跟别人讲。'……毕业后,我到熊校长家辞行,他见我家境困难,前途渺茫,深表同情,他让师母拿些钱(约合20块银元)送给我。一年后我考上武汉大学,熊校长得知,还托人带两块银元给我,表示对我的祝贺和支援……我初到武汉时,既无钱升学,又找不到工作,生活很困难。杨仲子(同学)得知,便联络其他二位同学,三人每月轮流寄一点钱给我,帮我度过了最困难的日子。"③张之翔先生后来曾担任北京大学物理系教授。

黄问盈在回忆父亲时写道:"1945年抗日战争胜利不久,父亲(同文中学教务主任黄西)先期由四川只身回到九江,筹划母校返

---

① 熊振顺:《她是一个平凡的人,却有一颗不平凡的心》,载《同文教育》2001年第2期。
② 张翊:《甲子前,在母校同文中学的时候》,载《同文教育》2001年第2期。
③ 张之翔:《回忆同文母校》,载《同文教育》2002年第2期。

乡开学事宜,当他见到同文附小一位姓陈的老工友时,两人相对下跪拥抱,喜极泪下涕零……家里有一张单人床,专门用以接待外地生病学生。"①

读到这些回忆,我想,没有人不为之动容,这样的学校教出来的学生走向社会后,无疑会对社会生活规范产生积极的影响。

教会学校除了学习文化知识还有丰富多彩的课外生活,让学生接受近代文明生活方式。新教认为人的身体是"圣灵之殿",爱护自己的身体是敬仰神的重要方面。因此,新教学校提倡体育教育以锻炼强健的体魄。《基督教中学教师应有之责任》的第一条规定:"提倡体育,以增进学生之体格。""中学生适在青春期,其身体发生异常生理上之变化,教师应严切注意指导方法之实施:即如何根据生理上之原则与定律,给以适当之运动?如何调护其生活之合理化,使其身体各部得有平衡之发展?学生一生得有健康之身体,以肩负大任,当感愉快!所谓'圣灵之殿',即已构成其相当基础矣。"②九江同文中学每天下午都有体育课,每年春秋两季都要举行校运动会。学校体育设施齐全,有大小足球场和一般中学少有的网球场,聘请专业并负有责任心的体育教师授课和指导。庐山牯岭美国学校有运动场、网球场、排球场、游泳池、健身房,体育设施精良完备,学校还经常组织学生参加户外徒步、露营等活动。九江圣约翰中学校园内建有篮球场、排球场、网球场等体育设施。九江的女子学校的体育活动也非常丰富。

教会学校对于音乐教育也非常重视。有完备的音乐教育设施

---

① 黄问盈:《怀念父亲黄西》,载《同文教育》2002 年第 2 期。
② 李楚材:《帝国主义侵华教育史料——教会学校》,北京教育科学出版社 1987 年版,第 509 页。

(如乐器、琴房、演出礼堂),也注重配备合格的音乐教师,并对有音乐天赋的学生进行重点培养。九江儒励附小每周音乐课长达 5 小时,课外音乐活动丰富多彩。儒励女中则教学生弹奏钢琴。① 1905年,九江同文中学四层教学大楼"思穆堂"建成,每层配置钢琴数台。学校有独唱、二重唱、齐唱和四部合唱的歌咏团。② 庐山牯岭美国学校配置有数架钢琴,规定学生定时轮流练习弹奏。每逢做礼拜时,都是由八年级以上的学生组织的歌唱队唱圣歌,事实上也演变成音乐课的音乐练唱,虽然学校的音乐课是为了宗教活动而设,但在客观上的确培养了学生的音乐兴趣、音乐技艺以及审美情趣。③

教会学校提倡无论贫富贵贱都要热爱劳动,树立劳动光荣的价值观,并在劳动中培养平等、服务和博爱精神。很多学校提供一些劳动岗位,让那些贫困学生以勤工俭学的形式减免学杂费,赚取生活费,在劳动中体验劳动的艰辛和快乐。九江儒励女中每天按人头分配打扫任务,每人一项。每天早晨上课前,为打扫卫生时间,天天如此,检查到位。学生八人一桌吃饭,每人一星期轮换一次洗刷碗筷,人人平等,没有等级差别。④

教会学校重视培养学生的团队精神和服务社会的意识,要求学生做一个有信仰、会思考的高尚的人。九江同文中学的校训为"读好书,做好人",揭示了教育的途径和目标。办学原则为:"读书与做人兼重,成人与成才并举。"对学生的修养目标是:"以博爱精神救济民众,以牺牲精神救济国家,以服务精神救济社会,以猛进精神

---

① 向萍:《从桑林书院到双峰小学》,见《九江文史资料选辑》第 6 辑,第 31 页。
② 李宏恩:《百年树人话"同文"》,见《九江文史资料选辑》第 6 辑,第 47 页。
③ 熊炜:《牯岭美国学校和美国校友会》,见《九江文史资料选辑》第 6 辑,第 138 页。
④ 余振华:《儒励中学求学琐记》,见《九江文史资料选辑》第 6 辑,第 53 页。

救济自己。"①儒励女中办学的指导思想是:"造就女子文明资格,养成女子高尚程度,使其学识足于服务社会,得与男子同享权利,不复有轻重之别也。"其校训为"真实必胜虚浮"。培养宗旨是:"不仅发展女子之教育,并发达其体育与重大之德育;要使女子知道,所得学校之益,非为个人之名利,将来须施及同类,以谋社会之幸福。"②从这些校训中我们可以看出,这些教会学校非常注重学生精神境界的提高,对于学生形成良好的品行,无论是在理论上还是在日常实践中都给予了高度重视。这种教育精神是与中国传统教育完全不同的,是按照西方近代文明建立起来的近代教育。

九江的教会学校有两大特色:一是领先的医护教育;二是发达的女子教育。

医疗卫生事业以及医护教育的水平往往是社会进步的一个重要标志。传教士来到九江后,目睹这里医疗落后、瘟疫肆虐,当然也是为了传教的需要,他们努力发展医疗事业,创办医护学校。现在江西九江学院的医学院和护理学院的前身可以追溯到1896年创办的但福德护士学校,由此九江学院每年校庆中都声称有百年办学历史,可见当年的但福德护校的影响力。

1901年12月7日,但福德医院正式开业,拥有15间诊室、96张病床和完善的设备,石美玉为首任院长,是现九江市妇幼保健院的前身。为了"训练专门护病视病特殊职业人才起见",医院同时开办了护士学校(Danforth Memorial Hospital Nursing Training School),校长由石美玉兼任。此后至1937年的历任校长分别是伍哲英、陶玛利、孙克立、项克礼、谢东臣。由于学生质量和学校声誉

---

① 李宏恩:《百年树人话"同文"》,见《九江文史资料选辑》第6辑,第48页。

② 李宏恩:《儒励女中八十年》,见《九江文史资料选辑》第6辑,第56页。

日益提高,办学规模也不断扩大,1914年有学生20名,至1919年有学生35名。除大部分留院工作外,还有部分学生毕业后去公立医院或其他教会医院工作。1914年,美国洛克菲勒基金会派员来九江考察,称赞但福德护校是中国最优秀的护校之一,并给予一名护士奖学金赴美留学。1924年,但福德护士学校经中华护士会正式注册。护校自创办至1937年抗日战争爆发共招生12届,毕业生计100余名。1945年11月,美国基督教卫理公会恢复但福德医院院名并拨专款整修院舍,美国人陶玛利女士任院长。1946年9月,经江西省教育厅批准,在医院内复办护士学校,定名为"私立但福德医院附设高级护士学校",汤斌任校长。学校恢复后,校舍有教室2间、图书馆1间、实验室1间、宿舍5间、办公室1间、储藏室1间。学校一切费用仍由医院支付。自1946—1951年共招收7届学生计126名,毕业3届共22名。该学校培养了许多杰出的医护人才,为我国的医疗事业做出了巨大贡献。其中最杰出代表有:伍哲英,女,福建长乐人。1908年考入九江但福德医院护士学校,1912年毕业。1915年获洛克菲勒基金会的奖学金,赴美国约翰·霍普金斯大学护士学校留学。1918年转入纽约城Lying-In妇产医院进修产科、检验科、放射科。1919年学成回国,一度任北京协和医院护理主任。1920年被九江但福德医院董事会聘任为护理主任兼护校校长。1921年,伍哲英与友人到上海筹办中国红十字总会第一医院,并亲自担任护理主任职务。同年,伍哲英在上海创建第一所由中国人办的中国红十字总会第一医院护士学校。伍哲英除担任校长和护理主任外,还亲自承担5门课程的讲授及实习指导。1925年和1929年曾先后代表中华护士会分别到芬兰、加拿大参加国际护士会会员代表大会。1926年,第二次远东红十字大会在日本东京召开,中华护士会派伍哲英、信宝珠两名代表赴会,伍哲英当选为副会长并同时兼任红十字会护理委员会主席。1928年,汉口第九届全国护士代表大会由伍哲英主持,并被选为中华护士会第八届理事会会长。在任期间,伍哲英大力提倡护理工作人性化。1930—1937年,伍哲英女士任上海伯特利医院总护士长兼高级护士学校校长。抗日战争爆发,伍哲英到上海第八伤兵医院为抗日伤病员服务,抢救了不少伤兵,被称为火线上的"白衣天使"。之后,伍哲英女士又先后担任济民医院和南洋医院两院总护士长兼高级护士学校校长、上海高级护士职业学校校长等职。1948年任万国护士会副会长。中华人民共和国成立后,伍哲英任上海第二护士学校校长和上海市卫生局护理顾问。1956年退休,是我国第一个享受退休待遇的护士,被誉为"中国护士之母"。1960年,伍哲英在上海病逝,享年76岁。①

庐山地区教会在传教过程中的典型特征是将创办学校、医院、发展慈善事业与兴建教堂、发展教会组织结合起来,而不是采用单纯传教的方式。庐山地区的天主教会和新教会创办了医院、仁慈堂和学校,在发展初期就采用了慈善、学校、医院三管齐下的传教方式。教会为学校、医院提供经费,学校为教会、医院培养人才,医院为教会、学校扩大影响,三者相依相促,形成独具一格的宗教文化。其宗旨当然是将人们的思想引入教堂,皈依上帝,但客观上促进了九江教育、医疗事业的发展,为当地的近代化起了巨大的促进作用。

九江近代教育的另外一大特色是发达的女子教育。1874年间,美国基督教美以美会外洋布道会派遣教士昊格矩在九江城外溢浦路创办"半日女校",1907年改为"儒励女中"。这是九江的第一

---

① 涂明华、欧阳蔚、汪娩南、王绍峰:《九江学院护理教育史(一)》,载《中华护理教育》2012年第10期,第479—481页。

所女子学校。1882年，昊格矩女士又在九江柴桑路创办一所"传道女校"，专门招收未婚女子及寡妇，培训3个月后即出来往各牧区任女传道，1906年更名"诺立书院"。1923年，天主教在九江市区举办"益智女校"，1944年增设初中部后称"益智女中"，其小学部称益智女中附小。1946年与培德初中部合并，成立"济世中学"，设立了男生部和女生部，益智女中成为"济世中学"的女生部。这些女校的创办，让西方女学逐步输入庐山地区，结束了当时女性不能接受正规学校教育的历史。梁启超在《变法通议·论女学》中说："治天下之大本二，曰正人心、广人才。而二者之本，必自蒙养始。蒙养之本，必自母教始。母教之本，必自妇学始。故妇学实天下存亡强弱之大原也……妇学为保种之权舆。"①梁启超强调女学的重要意义关系到强国保种。

由于中国传统文化的影响，我们可以想象传教士在九江开设女校所遭遇的阻力和种种艰辛。九江的儒励女中开办之初，基本包吃、穿、住、零用钱，并有奖励制度。第一次招生只有两名学生，还是中国教员的亲戚，后来又有一名女教员带了几名学生来就读，可是不久又为流言所动而弃学回家。后来，在这些传教士的坚持下，九江女校成就斐然。

教会兴办的女学冲击了将女子排除在外的中国传统教育体制，也激发了国人创办女学的热情，对庐山地区、长江流域地区乃至整个中国有重大影响。由于九江女学特别发达，当时的《直隶教育杂志》刊登了一篇文章《九江女学之进步》予以颂扬。②

---

① 梁启超：《饮冰室合集》第1册，中华书局1989年版，第38页。
② 《直隶教育杂志》戊申第5期（总第69号），1908年4月30日。

二、报刊

九江在近代出现了具有媒体功能的报刊。它的出现也是教会推动的结果。1890年,基督教美以美会首开先河,他们在九江创办了江西历史上第一家报刊《教会辩护者》(The Churh Advocate)月刊。此后九江各种报纸迭出,据不完全统计,先后出现了25种之多。其中出类拔萃者有"《民国日报》、《九江日报》、《新闻日报》、《浔阳晚报》、《商报》五家,每日出版二张或一张。内容资料,紧要专电及国内外要闻。采集上海当时航空来报,消息尚称灵通,本埠新闻及文艺副刊,应有尽有,编辑颇为完善"①。据张廷先生辑录②,近代九江有如下报刊。

《教会辩护者》,该刊由基督教美以美会九江传道站创办于1890年,刊址设在当时同文中学内。它以宣传基督教为宗旨,每月一期,1895年停刊。

《青年爱》,该刊由江西教育会九江支部创办于1904年。它是以孙中山为首的革命派的早期机关宣传刊物。罗惺予曾一度为该刊主笔,并为其创办的"九江开化阅报社"主要读物。

《信报》,该报创办于1915年,不定期石印一大张。为当时进步党机关报。1918年,日本出版《支那省别全志·九江府》载有"信报社"名录,后停刊,年月不详。

《江声日报》,该报由饶翼儒私人创办于1919年,1922年由南昌迁至九江,后改为国民党九江市党部机关报,1924年温眷血曾任该报记者。1926年国民革命军出师北伐,该报极力宣传革命,因此

---

① 孙伟:《近代中国人口优化的启示:民国中期的南昌市人口》,江西人民出版社2013年版,第179页。
② 张廷:《九江近现代报刊》,载《九江市市志通讯》1992年第1期,第25—27页。

遭军阀孙传芳封禁。孙败后，旋为中共九江地方党组织接管。1927年大革命失败，被迫停刊。1928年国民党组织复刊，又因党务纠纷被封。

《白话周刊》，该刊由九江学生联合会创办于1919年6月10日。它以宣传新文化为主要内容，共出42期。

《九江日报》，该报由九江名士万静涵、罗文质、李守冰等组织创办于1919年，为当时鼓吹革命甚力的报纸之一。出版不久即遭军阀封禁。

《九江潮》，该刊由九江学生会联合创办于1919年6月中旬。1923年至1925年期间，汪仲屏曾不定期为刊物撰写了大量文章。

《学生生活》，该刊为九江学生联合会会刊，创办于1919年6月。大量刊登反对日货的文章及时事文章，初为旬刊，后改为不定期，旋又停刊。

《武宁平民》，该刊由武宁县进步知识分子创办于1921年5月。它对当时新文化、新思想的传播起了极大的推动作用。

《浔光》，该刊由九江进步青年组织创办于1921年，1923年改为中国社会主义青年团九江支部"浔光社"机关刊物，不久停刊。

《九江学生》，该刊由江西青年学生总会九江分会创办于1924年12月。它以反映当时形势、宣传进步思想为主要内容。初为周刊，后改不定期，先后出版50期。

《国民新闻》，该报由中共九江团地委创办，又名《九江国民新闻》，创刊年月不详。1923年前后，汪仲屏曾为该报主笔。1926年11月5日，国民革命军攻克九江。向热生出任六届九江团地委宣传部长，并兼任该报编辑。1927年6月28日，被国民党查封。

《民国日报》，该报由国民党九江县党部所办，创刊、停刊年月不详。经理吴崇德，编辑胡慰、陈德松等，日出一大张。1932年6月

1日改组，由江西省党部整委范争波接办，李香藏担任副刊《庐山》编辑。

《晨报》，该报由温仿桥发起创办于1927年，以宣传反帝反封建为主要宗旨，油印一小张，影响颇大，不久为当局封禁。

《九江日报》，该报由九江警备司令部参谋长谭佑斋、九江县长张育东、烟酒局长吴楚藩及当时报界名人胡亦人、李汉华等于1927年发起组织开办。经费大都从商界募捐而来。张任经理，后因事调粤，由吴接任，日出两大张，编辑为张寿东等。

《浔路党声》，该刊为南浔铁路党部机关刊物，创办于1928年，每周一刊，不久即停。

《赣北日报》，该报由国民党九江市党部党务改组委员会创办于1928年，又名《赣北民国日报》。名为日报，时有间断，后因内部纷争而停刊。

《浔阳日报》，该报创办于1928年，许秋伯任主编，记者为钟木斋等。1931年12月30日载有九江县长蒋彝《江州牧——自责》诗一首，停刊年月不详。

《浔报》，该报由陈步梅、刘杰、严虚中等创办于1929年，实行委员制，陈任主席，不久停刊。

《九江晚报》，该报由徐道成等创办于1929年，徐任经理，主编姓李，不久停刊。

《浔阳晚报》，该报由李守冰发起，创办于1930年，李自任主笔。1931年李因事离浔，改由陈永南接办，陈永南任经理、主编，独家经营，日出一张，颇受社会欢迎。原拟扩充篇幅，但因经费不足未果，1933年该报尚正常出版，后不详。

《新闻日报》，该报由张国芳、邬建成、张德谘创办于1930年，张国芳任主编，后张辞职，由刘安远、吴剑秋、刘钝接任主编。1932年改由吴剑秋、陈深默任经理、主编,日出一张。停刊年月不详。

《修江潮》,该报为中共修水县委机关报,1930年5月中旬创刊,不久停刊。

《列宁之路》,该报为改组后的中共修水县委(即中共修水中心县委)机关报,1930年10月创刊,不久停刊。

《中流周刊》,该报由国民党九江某军第五师党部创办于1931年,名为周刊,偶有两周合刊者,不久停刊。

《商报》,该报由改组后的《民国日报》编辑陈德松、《浔阳晚报》记者钟木斋等创办于1932年。限于经费,日出一张。记载本市商业情形较详,其中社会写真、水文气象、琐谈文字等栏目颇受读者欢迎。停刊年月不详。

《民声通讯》,该刊为余源创办的"民声通讯社"刊物,创刊年月不详。1932年2月改版,定为三日一刊,主编杨子西。仅出数期,又改为日报,每日出一小张,不久停刊。

《九江民国日报》,该报创刊、停刊年月不详,有1934年11月17日报纸藏湖南省图书馆。

《岷山日报》,该报由江西省第九行政区专员公署(抗战时驻瑞昌)创办于1940年9月18日,会址设在瑞昌岷山中学内。1941年8月,因人事更动,一度休刊。同年10月再度复刊,12月又因经费困难再度停刊。1942年3月10日再度复刊,不久终止。

《瑞昌民众简报》,该报由瑞昌县政府创办于1940年10月22日,设编辑、发行两股,人员由县政府职员兼任。每周出版一期,每期计350份,时断时续。1941年10月后,因材料缺乏、印刷困难停刊。

《瑞昌月报》,该报为国民党瑞昌县党部机关报,1945年5月4日创刊,每周一张,不久停刊。

《瑞昌简讯》，该刊由瑞昌县各界知名人士自发组织出版。创刊于1946年4月19日，同年5月7日定为周刊，每星期二出刊，每期计150份，分发各乡（镇）公所、学校，后因人事更动自行停刊。

《型报》，该报于抗日战争时期在江西永丰县创刊，初为不定期八开小张。1946年5月16日迁至九江，并改为日报。1949年6月2日由市军管会接管，10日改名《九江日报》发行，社长李定坤。

《瑞昌日报》，该报由国民党瑞昌县党部创办，年月不详。现有1949年3月该报编制预算表。

《光明报》，该报由中国民主同盟修水县负责人陈言等创办于1949年5月，八开单面，石印，旬报，仅出四期便停刊。

九江近代报刊的出现是庐山地区文化近代化的一个重要标志。报刊的出现表明民众的文化水平有了较大的提高，民众获得信息的渠道比过去畅通。报刊还起到了聚集一部分知识分子从事社会公共事业的纽带作用，围绕一个事件进行评论和论战，让知识分子与大众的距离越来越近。同时，刊物的出现也形成了一种近代社会的舆论氛围，这对于社会文明程度的提高有着积极的意义。九江地区近代报刊增强了社会凝聚力，影响了民众思想，开阔了民众视野，这也是九江在江西地区率先进入近代化社会的重要原因。当然，该时期九江各种报刊发行量都不大，各报刊举办时间长短不一，在发挥传媒效果方面也不是非常有效，加上各种政治、党派等原因，更使舆论效力大大减弱。

三、文化素质与社会思想

外来宗教对于提高庐山地区人口的文化素质起了一定的推动作用。1933年前，九江的普通中学教育基本都是教会学校。小学教育也到1903年才有官方举办的小学，即九江府遵旨建立的"德化高等小学"。教会学校设施好，师资力量雄厚，学生成绩和素质以及日后的成就也不错。学生从这些教会学校毕业后,或上大学,或上专门学校,或留学海外。九江儒励女中"历届卒业者,百七十三人,其中毕业海外大学的四十七人,操医术者七,护士九,服务公私立学校医院政府者七十一,现仍攻读各大学,医学及护士学校者二十"①。当女子都能接受良好正规教育,并有一批女学生成为服务社会的杰出人才,当地人口文化素质的提高就是不言而喻的了。20世纪30年代,九江教师群体估计当达500—700人,由此看出当时受教育的学生人数是相当多的。②

教会教育改变了以前人们读书为做官的传统认识,培养了一大批近代化新型人才,这些人主要从事社会服务和技术工作,比如教师、医生以及其他专业技术工作。这种以社会服务为职业的新的知识阶层逐渐代替旧的绅士阶级,使九江的社会结构发生了变化。许多传统士绅在新式教育的推动下也开始转变,或进入新式学堂学习,或为新式学堂服务,还有的走向国外留学之路,这标志着传统士绅内部的分化。这部分分化出来的新式学者以及一些接受新式教育的平民子弟后来成为社会的精英群体,他们活跃在民国社会中的各个行业和阶层,成为民国时期的社会和国家的中坚力量。

教会学校中的新式教育使中西两种不同的价值观念发生了冲突和交融。以前九江人有着强烈的重农轻商观念,自古以来就是"农勤稼穑,妇女勤作,各居肆无精奇之技,取给衣食而已。商鲜重资,市廛日用所需,贸迁有无,其居奇远涉者,无有也,重去其乡,亦其性如是"③。但随着九江口岸开放和庐山牯岭的开发,九江人从

---

① 《九江儒励女子中学六十年纪念刊》,九江市档案馆馆藏,1933年,卷宗号:1011-3-1。
② 孙伟:《近代中国人口优化启示:民国中期的南昌市人口》,第163页。
③ 达春布主修:《(同治)九江府志》,地理·风俗。

事商业贸易的人越来越多,九江口岸和租界商铺林立。庐山牯岭原来就是荒山,由于避暑胜地的成功开发,老百姓看到了其中带来的经济效益,也逐步从反对租地到接受租地,并在庐山从事商业,为来庐山避暑的外国人提供服务,庐山牯岭因此而发展成为一个山上城市。九江自1862年开埠到20世纪30年代初,城市经济有了一定的发展,尤其商贸业更为突出,有着"江西商务虽省城不及九江"的说法。对外贸易的发展也逐步侵蚀和改变了九江地区的农业经济。洋棉纱的输入始于1874年,当年仅输入219担。由于洋纱比土纱纤维较长,质地坚韧,颇合织工之意,从九江进口的洋纱数量一直稳步上升,1877年突破1000担,1886年突破10000担,1888年已猛增至23596担。[①] 九江是江西茶叶的集散中心,俄国商人早就意识到了这个地区的砖茶输出能力,1875年就在九江建立了砖茶厂。在商业和机器工业的强烈冲击下,大部分手工行业无奈走上了衰败的道路。在农业和手工业逐步转型的过程中,民众开始接受"市场"观念,并慢慢融入市场竞争中,耕读传家的价值观逐渐转向为以工商为重。

　　近代庐山地区的社会风俗也发生了变化。比如,由于女学的兴起,提倡男女平等,缠足风俗逐步消失。九江第一个不缠足的女人据说就是儒励女中的学生石美玉。另外,在婚丧等各种礼仪方面也在悄悄发生改变。

---

　　① 《江西棉货贸易之回顾与振兴棉织业之展望》,见江西省政府经济委员会编:《经济旬刊》第2卷第16期,1934年。

第二节　宗教信仰的冲突与接纳

九江成为通商口岸(即开埠)后,基督教在九江便有了明显的发展,1862年第一次南昌教案的发生,更使九江成了天主教在江西传播的中心。咸丰十一年(1861)冬,法籍神甫罗安当以法国总理江西天主教务代全权大臣身份到九江,企图以此为据点开辟江西教务。同治元年(1862)初,他以《中法天津条约》为护身符,在南昌传教。南昌城中遍贴《扑灭异端邪教公启》等揭贴:"遍告同人,共伸义愤。倘该国教士胆敢来江蛊惑,我等居民,数十百万,振臂一呼,同声相应,锄头扁担,尽作利兵,白叟黄童,悉成劲旅。务将该邪教斩除净尽,不留遗孽……"南昌市民群起,将所有教堂付诸一炬。之后,虽清廷赔银17000两了事,但神甫罗安当却再也不敢留在南昌,不得不退回九江,在环城路南门口一带购置房地产,建造教堂传教。

1862年的南昌教案,始于法国传教士想扩建南昌进贤门外的天主教堂,把筷子巷民房变为教会财产,改作育婴公所。

江西在《天津条约》签订前,法国教士已在省内各地如抚州、南城、宜春、高安、清江、吉安、鄱阳等处设立秘密教堂,在黑夜传教。只有南昌吴城镇(现属九江永修县)教堂曾公开布道多年,道光年间为当地知县所毁,咸丰五年(1855)为彭玉麟率兵再毁,改设龙王庙。《天津条约》签订后,法国传教士再来江西和湖南等地,就有了公开要回以前所建教堂以及地产之事。原来那些被劝奉的当地教徒本来处于地下状态,此时也觉得重见天日,有扬眉吐气之快。当时在湖南,一些乡绅看不惯,就到处发揭帖呼吁抵制"邪教"。南昌乡绅也群起应之。

>当法人之请领执照也，分遣传教之士游行各省。将至楚，楚南长沙、湘潭一带传教之奸民，相与夸耀其事，以为吐气扬眉，复见天日。楚之绅士闻而恶之，乃撰为公檄，议黜天主教：有卑屋居住者火之，有容留诡寄者执之，有习其教者宗族不齿，子弟永远不应试。大略谓其藉宣讲为名，裸淫妇女；设女婴之会，采取红丸。其他种种奸恶，描写尽致，流传入江，正罗安当持照赴省，逗留不去。时值试期将及，江西省巨绅大集于豫章书院，则有告归之翰林院检讨夏廷矩、在籍之甘肃臬司刘于浔等。将楚南公檄鸠赀付梓，一夜印刷数万张，遍揭省城内外通衢。①

传教士罗安当看到这种情况，当然觉得不能坐视不顾，他凭借相关条约，要求当地官员镇压这种对教会的"污蔑"。当时当地官员并没有及时拿出良策解决问题，加上内心也有厌恶外人之意，想拖延此事。终于在二月二十七日晚爆发了冲突，民众占据育婴堂，将里面婴儿接走，并于次日摧毁了教堂以及教士乘坐的船只。之后，教士们当然进一步交涉，并要求官方惩办肇事者以及赔偿损失。官府两不得罪，赔钱了事。关于此案善后，有记载云：

>方教堂事之发也，江省绅士以衅由揭贴公檄，转相号召，遂为拆毁者口实，相与凶惧。嗣闻江抚办理此案，不株连绅士，不牵涉地方官，乃由检讨夏廷矩呈送骨殖一包，铜管一具，血膏一盒，向江抚面称骨殖起自该夷教堂院中，铜管系取精所用，血膏系婴儿精髓合成。中丞以其言多不经，亦无根据。发交南昌府

---

① 蒋廷黻：《近代中国外交史资料辑要》中卷，东方出版社2014年版，第71页。

县查办。经南、新二县按蒸检法检验,该骨数具并无伤痕。其铜管血膏似系外洋之物,亦不识其所用。因详称"奉发各件,在该绅等虽非确有所见。而地方官实已先有所闻:除骨殖业已验明,系毋庸议外。其铜管血膏究系外洋所用,无从辨认。一经传播,便骇听闻,亦似非无因而起。应将原件缴呈,请即咨照总理衙门,转向驻京法使查诘咨会来江。以释绅民疑团,以敦中外和好"等情。由江抚咨行在案,继以此案仍照赔款议结,其事遂寝。①

当时江西巡抚沈葆桢派人秘密调查,以下是调查者与民众的谈话:

问:你们纷纷议论,都说要与法国传教士拼命,何故?

答:他们要夺我们本地公建的育婴堂,又要我们赔他们许多银子,且叫从教的来占我们铺面田地,又说有兵船来挟制我们。我们让他一步,他总是进一步,以后总不能安生,如何不与他拼命?

问:我等从上海来,彼处天主堂甚多,都说是劝人为善。比如育婴堂一节,岂不是好事?

答:我本地育婴,都是把人家才养出孩子抱来乳哺。他堂内都买的是十几岁男女,你们想,是育婴耶,还是借此采生折割耶?

问:你们地方官同绅士主意如何?

答:官府绅士,总是依他。做官的只图一日事,骗一日俸

---

① 蒋廷黻:《近代中国外交史资料辑要》中卷,第72页。

薪,到了紧急时候,他都走了,几时顾百姓的身家性命!绅士也与官府差不多,他有家当的也会搬去。受罪的都是百姓,与他何干!我们如今都不要他管,我们只做我们的事。

问:比如真有兵船来,难道你们真与他打仗吗?

答:目下受从教的欺凌也是死,将来他从教的党羽多了,夺了城池也是死,勾引长毛来也是死,横竖总是死,他不过是炮火厉害,我们都拼着死,看他一炮能打死几个人,只要打不完的,十个人杀他一个,也都够了。

问:你们各位贵姓?

答:我们看你是老实人,与你闲谈。连日官府都在各处访查,你是外省的口音,我们姓名,不能对你说的。①

这段对话所揭示的民众反洋教的心态,在当时应该具有典型性。民众与洋教之间的冲突基本和教义没有关系,主要是认为这种洋教是"邪教",来侵占土地、杀掠种族的。而民众具有这样的心态,与一些士绅的宣传不无关系。当然,传教士以武力威胁,并持不平等条约为依据,也是引发冲突的重要原因。

有意思的是,1906年元宵节,我国第一个文明新戏业余演出团体文友会假座上海城东昼锦坊陈宅试演,所演三剧目中第二个即依此事编写的剧本。此剧演出过程中,台下有几个天主教徒提出抗议,说"此戏情节足以引起人民与(对)天主教的恶感",要求停止演出,但演剧者未予理睬。②

1873年5月21日,江西瑞昌发生教案。"有读书人数名,不过

---

① 蒋廷黻:《近代中国外交史资料辑要》中卷,第77页。
② 李晓主编:《上海话剧志》,百家出版社2002年版,第156页。

因恨洋人起见,率领许多无知之人,将教堂撤毁,殴打看堂之人。"什物亦有失落。美国公使艾忭敏(Benjamin P. Avery)向总署提出要求赔偿银365两,另重修教堂,罚降县官,惩办为首的士人。清廷答复,允以查究,但并未"惩凶",至于赔偿,则称"毫无实据"。艾忭敏则以该案拖延一年余尚未解决,要求"另派公正委员前往确查"。这一桩案件尚未了结时,九江教案又发生了,因此瑞昌教案便不了了之。① 瑞昌这一教案是数名读书人所为,而不是一般的平民所为。

1875年5月1日,九江城内美国传教士开设有"化善堂"一所,突传闻有石匠店的小孩"被堂内关闭不放",是晚民众聚集堂外哄闹。中国官府即"派员弹压","并将滋事首犯严办"。美国公使艾忭敏照会总署称:

> 此案衅启于关闭幼孩,本大臣亦岂能谓非因其事,但该幼童被看堂人唤进堂内,计自滋事以后,不过约有半时,原非甚久。惟看堂人与该幼孩之父揪发争论,及地方官来到堂前,仍不开门,实属非是,然此究属看堂人等之非。②

美国公使认为是教会个别人(看堂人)所为,承认教堂在管理方面有疏忽,并"行文转饬该教士等各安本分,毋得生事,嗣后自必愈加谨慎,不致再滋事端"。并称:

---

① 李定一:《中美早期外交史》,北京大学出版社1997年版,第478页。
② 《清季各国照会》,美字第225号,艾忭敏致恭亲王照会。转引自李定一:《中美早期外交史》,第479页。

倘该教士有行作非礼者,无论在何处,在何时,均准赴本地领事官前控告。如领事官不秉公查办,准迳赴本公署控告,本大臣自必持平究办,将本国越礼之人照律惩治也。①

美国公使这种态度应该说还不错。这种教案虽然是发生在平民身上,但与信仰问题也没有直接的关系。依据公使的说法,此案与教堂没有关系,只是教堂的看堂人行为不端,这点公使先生明确承认;其次,公使希望按照法律程序解决此一纠纷,而不能聚众闹事。赵树贵先生研究江西教案时说九江1875年的这次教案是"因谣传而发生的","江西人民传言耶稣教会'童子割肾,妇女切乳,剜眼取胎,婴孩同煮';耶稣教士'贪如狼,暴如虎,淫如狐,诡如鼠';洋药即迷药,'吃则中蛊';教士罗安当、方安之'拐骗男女幼孩,取其精髓,造作丸药,数月以来,致死童男不下数百人'等等。1862年南昌大教案和1875年的九江教案等就是因此谣传而发生的。江西许多教案'闹教之由,实由匿名揭帖最为祸首,挖眼残害诸事,有图有歌,谣传一播,愚民竟谓目前真有其事,有触即发。'"②

《九江市志》载:清道光年间(1821—1850),新建县吴城镇(今属永修县)民众将汤家园、梅家巷两处法国籍传教士所建的天主堂烧毁,同时将汤家园天主堂堂基上的铺面一同焚毁。当时法国传教士势力单薄,未提赔偿要求。第二次鸦片战争后,法国传教士利用不平等条约,对这起多年前的旧案提出种种无理要求,引起中法间的交涉。咸丰十一年十月八日(1861年11月10日),法使哥士耆

---

① 《清季各国照会》,美字第225号,艾忭敏致恭亲王照会。转引自李定一:《中美早期外交史》,第479页。

② 赵树贵:《江西教案史》,江西人民出版社2005年版,第49页。

请查吴城两处被毁教堂。不久,法国总理江西天主教代全权大臣罗安当以不平等条约为法宝,拿着总理衙门发的护照,携员自九江到南昌,向江西地方政府提出赔偿吴城教案被焚的损失。同治元年正月十三日(1862年2月28日),汤家园旧堂发还给法国传教士,由传教士方安之收领。同日,法使照会清总理衙门大臣奕䜣,提出"江西吴城镇道光年间烧毁天主堂及铺面等项,现在应由各该地方官查明原处送还,或另行赔偿,均应立即照办,毋得延误"的要求。同年十一月二十九日(1863年1月18日),江西地方政府提出处理意见,认为只能让吴城同知陪同罗安当在吴城一带查明官地,按照原地基大小划地抵给,汤家园教堂基地上被焚拆铺面保留下来的部分木料交还给法国传教士,其他被焚物件由双方进一步商讨,予以赔款。同治二年七月初五日(1863年8月18日),江西巡抚沈葆桢奏报,汤家园堂基上的铺面已由吴城同知冯询交还,被拆的两座天主堂赔银1000两,由法国传教士自行建造新教堂。同治三年五月二十一日(1864年6月24日),总理衙门照会法国驻华大使,吴城镇梅家巷旧堂已交给法国传教士方安之收领。至此,道光年间吴城教案引发的中外交涉才告结束。[①]

此志书又载同治年间吴城教案:鸦片战争以后,部分传教、习教之人以不平等条约为护身符,一入教会"即成化外,官且无可奈何,乡党亲戚更无忌惮",一些流氓无赖也投靠教会,混迹街市,为非作歹。加上教士常干涉地方诉讼,引起商民不满。同治九年(1870)夏,吴城镇街上出现反对天主教的匿名帖子,很快散传开来,通街遍贴。与此同时,《辟邪实录》一书在吴城广泛流传,激起商民"抗教"情绪。一天,吴城镇街市又遍贴告白,号召各行商人和民众到万寿

[①] 九江市地方志编纂委员会编:《九江市志》第4册,第1165页。

宫公议,商讨对抗天主教的办法。农历八月十五日,众人齐集吴城镇英国天主堂,并一举捣毁教堂。一些传教士和习教民众被拘押。事件发生后,英国驻九江领事照会江西广饶九南兵备道景福,提出"严办滋事之人"的要求。景福一面严令销毁《辟邪实录》一书,一面飞札吴城同知黄丞严拿首要各犯,依法惩治,并通示各属设法保护教堂和教民,不得效尤。①

《九江市志》还记载了吴城1897年教案:清光绪二十三年(1897),新建县吴城镇(今属永修县)适逢赶集。一群小孩在镇上追逐玩耍,其中一小孩手敲木鱼,口喊"杀洋人",被路过该处的法国教士听到,便对该小孩进行喝骂。小孩吓得便往家里跑,被教士赶上抓住,同来到小孩家中,并对其父母进行斥责,后经左右邻居的劝解方才离去。次日,小孩突然死亡,乡民无不愤慨。十月,乡民们鸣锣击鼓,冲进教堂,捣毁器具物件,并放火将教堂烧毁。新建县官闻讯赶到,解散乡民,此案不了了之。②

志书又载一湖口县教案:清光绪三十年(1904),湖口县教民陈直南无故驰马大街,将居民宁子祥之妻刘氏撞倒在地,伤及刘氏右眼、右颧、牙齿等处。宁子祥同母异父兄弟邓洪发当即斥责陈直南,反遭其殴打。专办此案的德化县知县贺昌祺、湖口县知县冯由等传讯陈直南,"讵陈直南并不遵传,辄赴教堂避匿,迨经往堂理令速交陈直南讯究,而该教士(指英教士国有伦)不允,反谓邓洪发唆使宁姓夫妇前往陈直南店中滋闹"。在知县传讯邓洪发并加以责惩后,"陈直南仍不到案,耸令教士谓系武生董廷瑞唆讼,并有散谣与教为难情事,必须差传讯究"。陈直南在教士保护下如此狂妄,连办案县

---

① 九江市地方志编纂委员会编:《九江市志》第4册,第1165页。
② 九江市地方志编纂委员会编:《九江市志》第1册,第810页。

官也认为陈无故逞凶伤人,已属无理,"又匿不到案听审,耸令教士出头,牵累无辜,希图陷害,其为恃教凌人更可概见"。似此欺压百姓、蔑视当局的可恶行径,概为教士所导,本应照律从重科罪,但最后以罚洋二十元草草了事。① 此案中,教民横行乡里,教会干涉诉讼,确实是引发教案、让民众憎恶洋教的重要原因之一。

美国学者史维东根据相关史料讲述了发生在九江德安和武宁的另外两个涉教案。

1899年,樊体爱神父打算向一个叫刘前吉的人购买位于德安县境内的一幢房屋。在交易结束之前,县府官员却质疑这场买卖的合法性。樊神父向驻汉口的法国领事求助,领事的介入惊动了九江道台,他派了一位官员下去调查。道台从德安知县的报告中得知,刘前吉卖给神父的房屋是县狱监的公署(典室),历任狱监都在此屋办公,迄今已有四十余年。知县查阅旧档后发现刘的确有一幢房屋,但已在咸丰五年(1855)被匪焚毁。道台赞同知县的调查,将此事告知法国领事,并通过他转告樊神父。樊神父对知县的禀报表示怀疑,反问他:狱监的房契在哪里?且此屋既为衙署,为何其房屋式样与普通民房无异?樊神父坚持认为刘前吉才是房屋真正的主人,他把房子卖给教会并没有触犯任何法律。他还愤怒地补充说,教会绝不会宽恕任何不合法的房地产买卖,不过他既然没有违法,为什么不了结此事?为什么中国官员一定要他另外选个地方?道台和知县并未给出答案。相反,道台写信给法国领事,说他认为德安知县的禀报有案可据,并非不实之词。官员没有让步,知县把买房的钱还给当地教会的教长,也就是说,官府不承认这桩交易。教长收了钱,就把房契还给知县。道台还告诉领事,如果神父提出要求,他

---

① 九江市地方志编纂委员会编:《九江市志》第1册,第811页。

可以派人去和知县面谈购买其他房屋事宜。此案未言及之事与所言之事同样值得一提。双方都是据实力争,并未提及这起纠纷有何反教意味。此外,当地乡民也没有一个人因为这幢房屋将成为教会财产,或者以影响当地风水为由出面告状。这完全是件民事纠纷,中国官员也是依据事实判断。教会之所以不能购买狱监办公的房屋,是因为它不属于刘前吉,仅此而已。①

1874年10月至11月间,在武宁县乡村,有五人遇见靠教人拳棒为生的拳脚师傅余益菖,不久几人成为密友,以余为首。余提议众人"结拜兄弟",互相照顾。众人答应,每人出钱一百文,置办香烛酒肉,进行结拜。12月2日,五人跪拜在地,互表忠心,正式结为兄弟。他们推举年长的陈伦和为大哥,其他则根据年龄大小依次称为兄弟。一天饭后,几人聊天。陈伦和说:小的们各谈穷苦。余益菖说:他曾学算命,会看星宿,前见天上出有一星,光影甚长,系主兵灾。他晓得武宁县城内富商甚多,遂起意纠人攻进县城抢劫,得赃分用。如此起意后,兄弟帮打算召集更多人马,再定个日子洗劫武宁县城。但是直到1875年1月,几乎没有什么人响应这个计划。于是余和王泫荣又商量了另一个办法。余、王二人和太平天国时期的其他人一样,认为天主教徒也是"禁党",并且认为住在九江府城附近的教徒会情愿参加他们的起事。由于他们不认识九江的教徒,余、王二人认为有必要修书一封,说明意图,向九江教徒发出正式邀请。如果对方有意,则余可前往九江,商量袭击武宁的详情。起事定在1875年春,他们希望起事后"列列[传道]老师"入伙。为了使这封信显得正式合体,王在信封上盖上他叔祖——一位道士的印

---

① [美]史维东:《中国乡村的基督教:1860—1900年江西省的冲突和适应》,吴薇译,江苏人民出版社2013年版,第129—130页。

章。1875年1月10日,王浤荣独自把信送到九江天主教堂,静候回音。此时,白振锋主教拿到了信,并把信转给了住在府城的九江道台。道台立即派兵役捉拿王,而王的藏身处属于英租界。道台派员征得英国副领事的同意,进入租界,将王抓获,带回衙门审问。根据九江官员从王那里得到的信息,武宁知县派出兵役前去抓捕其他四人。官府抓了四位兄弟和印章被盖在信封上的那位道士,先押解到九江,再押解到南昌候审。省府官员命代理南昌知府荣授审讯五人。荣授恐五人背后还有更多同伙,再三讯问,未有新供。最后他判决:除了道士之外,其他人结党谋逆,罚每人杖一百,左脸刺"拜盟匪犯"四字,充军三千里。因其属谋叛未行,情节严重,荣授特别奏请,不准以两道皇恩赦令援免其罪。省级官员复审此案,同意荣知府的判决。他们还附判武宁保甲未能及时发现和报告兄弟帮的活动,也应承担责任,按例拟惩,因赦令免除杖刑,但官员仍判其失察。被捕的五人当中,只有陈伦和不是武宁人,他的家乡瑞昌县的保甲无从觉察他在武宁的活动,因此对瑞昌县的保甲不予追究。江西官员应该感到庆幸的是,兄弟帮并未召集到多少支持者,而主教又及时将王浤荣在九江的举动报告给道台。省府高级官员发现,整个事件不是缘于民众对天主教的怀疑,而是缘于保甲制度的失效,是保甲没有首先告发兄弟帮。显然,当地的治安系统没有发挥预想中的功能。只有次县一级职员恪尽职守,保持警惕,乡里一有风吹草动就向知县报告,知县才有可能及时采取措施查出骚乱,否则他将面临极大的困难。这个案例的价值在于它反映了兄弟帮诞生的过程。我怀疑类似的帮派在中国乡村非常普遍。在该案中,对余益菖武艺的崇拜把几个人吸引到一起。建立师徒关系后,余和几人之间感情日益深厚。由于贫困带来的巨大压力,众人寄希望于余看星象和预测未来的能力。他给兄弟帮找了一个很普通的目标——县城的富商。但兄弟帮既没能自己起事,也没能联合九江教堂的教徒成事。显然,当地教徒对于煽动叛乱不抱有任何兴趣。①

1909年,九江英租界发生"余发程"案,此案在当时非常轰动,一些革命人士积极参与,最后官司居然打到了伦敦下议院。

案件的大致经过为:1909年4月26日,湖口人余发程与两位同乡来到九江,出于好奇,在租界行走观望。租界的印度籍巡捕马士可能疑其为歹人,持木棍猛击吴腹部,吴受伤倒地,送医后不治身亡。同行者报官后,德化县令亲自前去验尸,后又请美国医生兰伯特以及郝特医生验尸。赫特医生陈述的情况大致如下:余发程,三十岁男性,身体健全,在外国租界遭到一名警察重击腹部死亡。其腹部发现有一瘀青,颜色与身体肤色不同。对体内进一步检查显示,其腹腔有大量瘀血。内脏器官完好,心脏和血管血流健康,血液凝块和瓣膜也表现正常。于是郝特医生得出结论,死者的死因是腹腔出血。② 当时英驻九江领事沃纳偏袒巡捕,认为余是自然死亡。官府也多次与英领事交涉,未果。此案引起了九江工商界和文化界的强烈反应,当时中国的多家报纸连篇累牍进行追踪报道。③《时报》宣统元年三月十二日(1909年5月1日)发表《九江英捕击毙命案详纪》:

初七日午刻,有湖口人路经租界闲玩,讵料英捕头撞见,喝

---

① [美]史维东:《中国乡村的基督教:1860—1900年江西省的冲突和适应》,第173—174页。
② [美]凯思林·C.格林、斯坦利·克劳福德等:《郝特夫妇的中国岁月》,慕星、慕德华译,江西高校出版社2015年版,第17页。
③ 刘萍、李学通主编,张振鹤、李学通、孙彩霞等编:《辛亥革命资料选编》第6卷,社会科学文献出版社2012年版,第1103—1108页。

令其走。伊不识英语,该捕竟将木棍乱击毙命,复令人抬至城内毛家巷。地保闻知,即报德化县,而邱令不即诣验,饬抬原处。租界洋人不准,后放在火帝庙旁。次晨邱令方验得小腹受木棍戳伤一处,围圆一寸五分,斜肠受木棍戳伤,围圆一寸八分,血荫青紫色,右膝受跌伤,围圆一寸,皮破,已填格存案。闻阅书报社及商界均抱不平,拟开商会公论,容探后详。

又云湖口人余发程同周某二人,因事于初六日到九江,住毛家巷周氏试馆。初七午十一点钟,同行至租界,余发程因短视面撞著英总巡捕吗仕(译音),该捕遽以木棍奋击其腰际,登时遭伤而踣,行路者见而哗然。该捕乃遣人就近异往医院报病,医验视之,以为伤及要害,无可施救。该捕则挥周某购生姜于市,一面以舆抬余发程置于南门外火帝庙之前。及二周至医院询之始知,遂赶至该处,而余发程则已逝矣。周遂具呈德化县请验,延至傍晚,德化县将就验而止,传言明早八点钟乃来。是时突有以柩至者,欲令草草入殓,不知其何自来也。喧传远迩,观者渐多,咸知英捕头因细故而逞凶强,其意尚欲粉赖为路毙,以冀脱逃法外。而县官乃不登时按验,殊非慎重民命之道。一时众情莫不奋激。我国官吏,若不亟与英领事交涉,缉凶究办,殊不足以伸公理也。其详容耳探报。

《时报》宣统元年三月十五日(1909年5月4日)又发表《九江英捕毙人案四志》:

十一日奉九江巡宪文批:湖口县监生周瑞棠禀,此案于本月初七,据德化县邱令锡渊禀报,即经本道照会英领事,将巡捕房行凶洋人先行收禁,一面饬县会同英领事公平审办在案。现据该县验明伤痕,填具格结禀报,兹仰九江府转饬德化县,速即根据法理,照约会商审办,务雪死者之冤,毋得率延。并饬传谕该生等知照,此案有本道及府县主持,该生等务须静候办理,毋得轻举妄动,致碍大局。切切。是日,九江道照会英领事,谓昨据德化县禀,已验得湖口人余发程受伤深重,请将逞凶洋人照约究办,以协邦交。英领事复照九江道,谓湖口人余发程初七日因在租界调戏妇女,被洋巡捕将棍驱逐,伊向染病,故而身死。刻闻九江之水木工人二千数百名,因案未了结,心实不平,遂于是日停工。外面纷纷鼓噪,并集至万寿宫公议,闻同帮各店亦有闭市云。

浔道照会英领事文。为照会事。本年三月初七日酉刻,据湖口县监生周某某报称,雇伙余发程来浔买货,本日午刻在租界游玩,被巡捕房洋人用手提棍连戳两下,登时倒地。该洋人见势不佳,抬至巡捕房内,延医看视,服以药水不效。该洋人即雇中国人抬出租界,行至毛家巷地方,气绝身死,报乞验尸等情到县。据此,德化县因其时天色已晚,未能诣验,即于次日清晨带同仵作亲自验明,余发程小腹左边及左胯等处,均被木棍殴伤,确系因伤殒命。查人命至重,杀人者抵。中国杀人之案,分别是故是斗,拟以斩绞,绑付市曹处决,使众目共睹,以戒人不可轻犯。今巡捕房洋人与华民余发程起衅甚微,殴伤立毙,自应惩办,以儆凶顽,而伸死者之冤。相应照会贵领事,请烦查明,将被控行凶之洋人先行收禁,一面订知会德化县,以便传集人证,会同证明究办。

《时报》宣统元年三月十六日(1909年5月5日)又发表《九江英捕毙人案五志》:

余发程命案,初十日虽经英领事邀同德化县会讯,尚未缉凶究治,而英捕头码仕于十一日竟敢携带眷属,乘坐隆和轮船擅逃。由是人心愈愤,议论纷歧,恐将酿成重大交涉也。

《时报》宣统元年三月十八日(1909年5月7日)发表《九江英捕毙人案六志》:

十二日突来兵舰三艘,一名陀托瓦,一名也克沙,一名又记。湖口帮闻知,谓系抵御中国计,并悉逞凶洋人已赴上海,愈为鼓噪,笔难尽述。是以九江道文观察即饬德化县会同汪委员承豫,前赴英领事,询及逞凶洋人因何而走,兵船因何而来。领事则曰:兵船游历长江,时常有之,无关交涉。洋人未知因何逃遁,我即电上海总领事扣留,一面照约和平办理,断不致碍邦交。二公可至商会与郑总理妥商,此案有领事主持,众商须无庸惊异。后汪委员赴商会外,即禀道员,由九江道电请江督及上海道转电沪总领事,谓无辜击毙命案,理应照约治罪,尚任其逃逸,是何情理?希扣留饬浔,以息民愤。刻奉回电,曾请前途照约酌办,以固邦交,似各湖口帮不宜妄动,鼓播民情,静候地方官和平妥结,免伤大局。目下尸仍暴露,案亦悬悬而待也。

《时报》宣统元年三月十九日(1909年5月8日)发表《九江英捕归案讯办》:

九江租界英捕码仕,因击毙余发程案,挈眷窃逃,匿迹芜湖,被驻芜英领事查获,已派巡捕押送回浔,归案讯办。(十八

日酉刻芜湖专电)

《时报》宣统元年四月三日(1909年5月21日)发表《九志九江英捕毙人案》：

> 余发程案医验之后,又旬日矣。社会静候谈判,仍无实际办法。英领照会浔道之文,尚未探悉。颇闻英领欲以二百银示优恤,完此重案。社会于此惧官场稍与迁就,以为争得一步便是一步,不知外人之有意宕延,伺我间隙,原欲附重就轻。此案办法要以先定码仕罪名为纲,其他皆条目也,不争其纲而就其目,是余发程之冤仍未伸雪也。当事者诚知外交关键与国民目的所在,当不以轻诺曲徇为尽责。商会因于二十八日二句钟复行开会,筹议对付之策。

九江商会和书报社积极呼吁,力推案件得到公正审理。当时在九江海关工作的民国元勋林森也积极奔走。由于英驻九江领事的偏袒,案件久拖未决。下面是《时报》宣统元年四月四日(1909年5月22日)发表的旅浙浔人盛宝同撰写的《为余发程案告九江父老》：

> 余发程之案,变出非常,黯无天日。忧时者不尽潸然出涕,为余发程一哭,虽非哭余发程,实哭我九江,而实哭我中国也。今者余发程之尸已剖验矣,且系延美国医士剖验矣,证据确凿,铁案难翻,是英人已处百无一是之地位。乃阅各报载英领照复浔道之文,优闲藐玩,目无中国,且似以延请美医为多事。推其发言之强,用计之巧,无非激成人民之暴动,如稍受影响,即大

有转屈为伸之势。惟愿吾九江人民,幸勿堕其计中,宁使我有充分之理,不使彼有一隙之乘,总以力戒暴动为第一对付方法。矧地方官为民请命,大力主持,尚甚静候核办,自有结果之一日,可断言也。独惜地方官与英领只能从余身死一方面驳辩,而不知以双方面之事实为前提。夫所谓巡捕者,只有捕人之责,断无打人之权,人纵因捕而反打,亦仅正当防卫,扭送捕房,禀候裁判官惩办,是为尽巡捕之天职。世界文明各国,同此法理,岂英为文明之最,何独不然!纵使余发程在租界有不法行为,捕之可也,胡能打,打之犹可,胡致死,此第一层之可驳者也。而况余发程行走租界,毫无过失。乃英人谓其跟随洋商妇人窥伺,巡捕用棍轻推,余身体软弱,随自倒地云云(此层并下层,系领事首次复浔道照会)。夫人非病夫,何至软弱若此,即病至软弱,行将就木之时,又安能行路,安有野心,恐古今中外,无是理亦无是事,此第二层之可驳者也。英人又谓该巡捕见其倒地,助抬至医院诊治,该巡捕既未重打,安肯有此举动,尤觉不攻自破,此第三层之可驳者也。至谓延请美医为乱牵混,尤难索解。在国际公法中,固有仲裁裁判之事,此案纯属国际私法,请美医,盖请其验尸,非请其裁判也。譬如有染疑难病症者,本国医未能诊治,断无阻其转请外国医之理,而医士即伤言伤,犹医士之即病言病,既非徇情,又非舞弊,此第四层之可驳者也。何地方官吏皆不出此?总之,我国现在未能收回领事裁判权,故外人对于我国,有强权无公理。差幸此次九江人民尚不暴动,尤望坚忍到底,环求长官据约力争,执理辩护,以求达为死者昭雪之目的而后已。亦明知九江非无真知灼见之俦,无俟鄙人之喋喋,但鄙人亦九江一分子,身寄他乡,心怀桑梓,深恐山有猛兽,林木且难利用;囿有蝥虫,葵藿竟尔抛荒。九江诸子,幸垂察焉。

此案引发了九江工人罢工,继而掀起了一场抵制英国货的运动,英国在华利益受到损害。中国商人和进步人士帮助延请律师不断上告,最后,此案在伦敦下议员审理。11月,英国下议院裁定,英国被告要在英国法庭受审,英驻九江领事休假,巡捕马士被开除,并被判刑。据说,中国人后来自己发起捐款补偿死者家属。

以上述说的教案或者涉及洋人的案件,一般都是乡绅或者士人发起,并且案件诱发原因很少是因为宗教本身问题,大多是一些关涉土地、财产的民事纠纷。其实,包括李德立开发牯岭时所爆发的纠纷也多属地产方面的纠纷。当地人担忧一旦英国人控制了进山的道路,并在山上建别墅,他们就没法在那里砍柴了。后来别墅区建成后,由于外国人越来越多,给乡人带来更多挣钱的机会,他们也就逐步接受了。对于乡绅和士人来说,可能确实对于基督教的教义与自身所坚守的文化信念不一样,所以他们不惜夸大基督教为"邪教",并利用民间纠纷以反对洋教。当然,从具体案件来说,这些教案的发生也与教士们的错误认识与处置方法不得当有关。

赵树贵先生认为,教案发生的首要原因是不平等条约保护下的传教活动。① 当传教士在传教活动中遇到挫折时,他们想到的是枪炮威逼下签订的不平等条约的保护。信仰问题是一个思想问题,仅仅靠武力是解决不了的,但是有些传教士却错误地认为:"只有战争能开放中国给基督。"②叫嚣暴力总是会让人厌恶的。也许对于那些绅士阶层来说,他们的确难以接受基督教,因为他们要保护自己

---

① 赵树贵:《江西教案史》,第31页。
② 张力、刘鉴堂:《中国教案史》,四川社会科学院出版社1987年版,第258页。

的既得利益和捍卫自己的社会地位。基督教可能动摇他们长期以来精心建构的让自己高高在上的社会秩序。他们其实也不惜用武力去对付基督教,只不过当时确实没有这种能耐而已。基督教的传播当然不能和当今的"西方价值观"相提并论,我举这个例子无非想说明在传教士看来,鼓吹暴力虽然是错误的,但也是不得已的,当时被视为传教之捷径。事实证明,这条捷径付出的代价更大。然而,对于平民来说,基督教传播本身不需要使用暴力,平民对一种信仰的接受,如果是为了生存或生存得更好,那应该是顺理成章的事情。当然一旦以特权和暴力为后盾,一些人为了横行乡里而入教,扰乱宗教秩序、玷污宗教名声也就难以避免。

鸦片战争战败后,中英、中法、中俄《天津条约》以及1860年的《中法北京续约》皆明文规定中国政府有责任和义务不迫害教会和教民,并且保证中国军民都有信仰基督教的自由。对于这些条款,政府以及绅士阶层肯定是极力反对的,但迫于枪炮的威胁,他们又无能为力,所以在具体执行过程中,总是麻烦不断。另外,根据条约,外国人在中国享有领事裁判权,在中国违法,不受中国法律制约,在华教堂、教产及传教士人身安全,随时受到本国政府武力保护。1896年,清政府颁发了《地方官接待教士章程》,明文规定:总主教或主教品位与督抚同级,摄位司铎、大司铎与司道同级,司铎与府厅州县同级。各级地方官应以同级品位接待传教士。教案发生时,主教司铎等可转请护教国公使同总理衙门或地方官交涉办理,也可直接与地方官商办。由此传教士取得了干预中国地方词讼的特权。外国人之所以要求领事裁判权,理由是中国的法律不健全,不能按照程序和法律公正判决,判决的随意性很大。然而,当传教士与殖民者密切配合,希望以传教士获得某种诉讼特权来保护信教自由时,这本身就可能激起爱国者的反抗。更何况,传教士不是专业的法官和律师,在保护教会利益时,他们可能偏听偏信,既不可能有中正的立场,也不具有专业的法律素养。例如,1904年,九江湖口的教案就是传教士胡乱干预造成的。法国传教士罗安当处理纠纷时,动不动认为中国人或中国政府在"迫害"教会,请求外交解决,这也是教士们完全缺乏处理一般纠纷能力的表现,导致纠纷不断扩大,以至于难以收拾。第二次鸦片战争后,在不平等条约保护下,传教活动确实比以往任何时候都活跃,但涉教冲突也不断增多。按照中国人的说法,这就叫"成也萧何,败也萧何"。

除了这些主要原因外,教案的发生当然也还有别的原因。比如,中国文化与基督教文化的冲突。不过,我认为这种冲突主要是在绅士阶层才会存在,说到底他们是利益和地位的既得者。中国平民的信仰原本就很多,不同的村庄的庙宇里供奉的菩萨可能都不一样,也很少见到他们因此而发生冲突。一些社会底层的人对于基督教宣扬的平等思想以及他们的慈善事业更容易发自内心地赞成。当然这些底层的人也很容易受到绅士们的蛊惑而痛恨洋教,比如1861年南昌教案发生时,从江西巡抚沈葆桢派人秘密调查时与民众的谈话中就可以看出这点。当然,一个比较紧密的人群一旦形成,就难以接受陌生人进入,洋教士可能从心理上就被民众视为外人。然而,当时中国社会的底层还是一个这样紧密的群体吗?我看不见得。所以即使绅士们想团结民众一致对外,这种可能性也大打折扣。

除此之外,发生教案的另外一原因是传教士本身动机不纯、行为不轨,比如充当侵略的先锋,而且敛财贪财等。镇压义和团、兵犯北京城的八国联军统帅瓦德西深谙中国教案问题,他也承认传教士"做事毫无忌惮,以及许多牧师为人不知自爱,此固吾人不必加以否认疑惑者"。因为许多传教士"往往其人德性方面既不相称,职务方面亦未经训练,此辈常以服务教会为纯粹面包问题,凡认为可以赚钱之业务,无不兼营并进。余更熟知许多牧师,兼营他项营业(如买卖土地,投机事业),实与所任职务全不相称"。① 不过这不应该是传教士群体的主流。比如,牯岭的开辟者李德立虽然善于经商,但花了很多时间和精力参与基督教的乡村建设活动和慈善活动,而且他明确反对当时英国的鸦片贸易,措辞还特别严厉。

"人们把基督教当成西方侵略政策的工具,误解多而赞成少,这是很自然的。而且当时基督教受和约的保护,特别是神甫(传教士)过多地攫取特别利益与赔款,就更难免遭人猜忌了。"②虽然基督教在庐山地区的传播中纷争四起,然而还是逐步生根开花了。不但教徒逐渐增多,而且西方的生活方式以及价值观也在一定程度上影响了当地的生活。"庐山礼俗非九星二县所能兼容而并包。"如婚丧祭祀之礼均有新式旧式之分,新式则采西礼与教会仪式。在节日方面,既有国人沿袭端午、中秋、春节等传统节日者,也有崇尚诸如元旦、圣诞等洋节日者。③ 自从牯岭开辟以来,"牯岭方言遂有参互错综之势……租借地之开辟既由外籍教士,于是英语亦成牯岭一种主要语言。其因商业及教会关系,稍与外人习者均能英语;外籍人士居牯岭久者亦能普通国语,间杂浔鄂方言"④。特别是较为先进的西方文化对生活在庐山的国人生活方式与习性的影响更为独特。"牯岭虽然不是都市气象,但它的欧化、摩登却比任何都市还要

---

① [德]瓦德西:《拳乱笔记》,见中国史学会主编:《中国近代史资料丛刊·义和团》第3册,上海人民出版社1957年版,第71页。
② 中华续行委办会调查特委会编:《1901—1920年中国基督教调查资料》下卷,中国社会科学出版社2007年版,第87页。
③ 钟兴正:《牯岭心影》,载《旅行杂志》1931年第5卷第7号,第63页。
④ 吴宗慈:《庐山志》上册,第460页。

整齐划一。到那里山居的男男女女,真奇怪,无一点尘俗气,而且都是会吃、会穿、会讲卫生的人。"①因羡慕英美俄人在所租地址内建设游泳池,1930年7月,三育社邓青山、应兴华、黄志暌等募款在大林寺西建游泳池,以供国人游泳。"其一般居民,因环境之所熏染,其性简朴。舆夫挑夫,向无拐逃什物之弊,其美德也。至建筑业之积弊相因,与男女佣工等贪小利,以谲诈相尚……然无大恶,则因本国官厅威刑作用收效者什之六,宗教感化之力什之四。"②"牯岭是个最有秩序的地方,我到当地警察局访问,很少发生盗窃案件,即使普通吵嘴,当街滋事的事件亦少见。那里简直可以说是个最自由的地方,妇女如何时髦,衣着如何古怪,警察是不干涉的。那里虽未有风化问题的限制,但教育程度不会是低级的,一个挑夫轿夫都是诚朴有礼,不像都市上的流氓。"③

据美国学者史维东研究:绝大多数教徒都是贫穷的普通人,然而绝大部分中国人也是这类人。教徒的确与一些案件有牵连,有时他们也犯法,但这并不意味着他们就喜欢寻衅滋事,甚至是惯犯。江西天主教徒的社会背景和职业的多样性,就像其他省的教徒一样,我们很难说他们更加声名狼藉,更缺乏忠心。有迹象表明天主教徒实际上是拥护清王朝的。19世纪50年代,南康县有位信基督教的武官击退了进犯县境的斋匪。即使是西方传教士也同样与官府合作。1874年,一位法国主教为了给当地教徒树立榜样,主动向官府告密,致使打算在武宁起义的一群人被捕。④

---

① 家鼎:《牯岭的印象》,载《青年评论》1933年第46期,第14页。
② 吴宗慈:《庐山志》上册,第460页。
③ 家鼎:《牯岭的印象》,载《青年评论》1933年第46期,第15页。
④ [美]史维东:《中国乡村的基督教:1860—1900年江西省的冲突和适应》,第46页。

第三节 庐山近代外来宗教文化研究的平民视角

历史人物、上层阶级以及被这些人有意塑造和标榜的"英雄人物"无疑常被视为是社会历史发展的主导者。大部分的"芸芸众生"在历史述说中往往是"失语"的,这就导致了历史的单面性。关注平民的历史才谈得上历史的"真实",才能真正刻画历史的全貌,而不是粗线条的、模式化地再现历史。我们以往由于某种需要,喜欢用一个所谓的"历史规律"或"历史线条"去再现历史,在忽视了历史的丰富性的同时,还造成了对历史的肆意捏造和歪曲。美国学者史维东依据当年总理衙门的教案资料,从这些官方文件中发现蛛丝马迹,研究基督教在中国的传播。与多数学者不一样的是,从这些有限的官方资料,他不是粗线条地勾画传教史,而是敏锐地聚焦中国乡村这个平民聚居地的基督教传播和接受的近代历史,从而令人信服地打破了一种对基督教在中国传播的模式化理解。其实,平民对于宗教的理解比起那些上层集团更纯粹,他们也许只是需要一种精神抚慰、一种人际交往,没有太多的政治利益、传统维护和国家意识的考量。

史维东(Alan Sweeten)的学术著作《中国乡村的基督教:1860—1900年江西省的冲突和适应》(*Christianity in Rural China: Conflict and Accommodation in Jiangxi, 1860 - 1900*)将目光投向近代西方基督教在中国传播的大背景下的江西农村,着力考察在广阔的农村以及农村中普通农民(其实也是中国当时的最下层)对基督教传播的反应和接受。虽然,长期以来,中国人都奉行"重农抑商"的价值观,但相对而言,城市的商人以及手工业者的生存环境还是好于农村的普通农民。

基督教在中国的传播史可谓漫长而曲折，其经过恐怕与佛教传入中国一样，一波三折，当然，直到今天也难说有一个"基督教传入中国"到"基督教中国化"的进程。从明末到清早期和中期，西方传教士就陆续来到中国。这个时候传教士的传教策略主要是先介绍西方的科学知识，以引起中国人的好奇，而且这些知识确实有利于提高中国人的生活质量，中国人慢慢开始接受基督教。然而，由于基督教教义与儒教思想的冲突，加上罗马教廷制定的不符合中国实际的传教原则，再加上中国士大夫阶层害怕自己的威望和利益受到损害等原因，清中期两次发布禁教令。当然，这个时候的中国还是社会结构较为稳定的时期，绅士们可以将民众聚合在一起，形成一个比较稳定的群体。这个时候基督教来中国传教基本没有空隙和便利可供利用。我们知道，一个稳定的社会群体是不会轻易容纳外来思想和外来人的。这与佛教在中国的传播是一样的，正是由于中国当时的传统文化自身很难再有先秦一样的辉煌，而社会结构也不稳定，佛教才传入了中国大地。基督教早期传入中国之所以会被官方禁止，其根本原因就在于当时的社会结构稳定，否则的话即使官方仇恨它，也可能无能为力。

鸦片战争后，基督教卷土重来。这次轰轰烈烈的传教运动是用武力开路并以武力为保障的，因此，在中国人看来，基督教在中国的传播是一种文化上的殖民侵略。用武力做后盾的宗教传播让人形成这样的一个认知模式是不可避免的。然而，中国当时的社会结构不稳定，给了基督教闯入的便利，也是不可否认的。政府的溃烂与腐败，不仅使他们对于社会整体的控制力降低，而且削弱了乡间绅士在民间的威望。不过，西方传教士们很多时候可能并没有意识到这种不稳定社会的空隙给予他们传教的便利，而是站在自己的立场，总觉得中国的上层和下层联合在一起经常"迫害"基督教，为此不得不借助殖民国的政治甚至军事力量来加以干涉,而这种做法无疑加深了中国人对基督教的"侵略"性质的认识。试想,如果中国社会当时的上层和下层真能如此抱成一团,他们还有机会来宣扬对中国人来说如此陌生的"福音"吗？史维东注意到了传教士们这种错误的看法,他说:"许多传教士将这些冲突贴上'迫害'的标签,(中国的)大多数绅士却把它们看成一种自卫或反击……这些充满血腥味的历史记载并未被忽略,有学者研究后得出结论:绅士是反基督教的,普通百姓也痛恨基督教。例如,赖德烈(Kenneth Scott Latourette)和柯文(Paul Cohen)就提到,绅士经常煽动针对教士和教徒的骚乱。绅士能够轻易如愿,是因为他们所称的这群奸猾狡诈之徒倚仗教士撑腰,欺侮乡邻,地方官府也需另眼相看。由于与周围人关系紧张,教徒要么分开来住,要么只能聚居在一起——就像'国中之国'。"①

然而,果真"绅士"和"平民"都一样痛恨基督教吗？答案是否定的。所谓痛恨基督教的只有"绅士"阶层。绅士们"迫害"基督教表面上可能是为了维护传统,更深层次的原因是维护自己在政治和思想上的主导地位。他们当然希望并想方设法把平民也裹挟进来,加入痛恨基督教的行列,从而形成全体中国人都痛恨基督教的假象。我阅读过当时一些绅士和读书人写的号召抵抗基督教的揭帖,行文流畅,语气夸张,很有煽动性,但就是没有几句是真实的。在平民那里,尤其是"乡村"的最底层的农民那里,他们原本就不存在那种政治和思想上的利益,他们总是被各种势力裹挟和绑定。只有当某种绑定势力自我松懈的时候,他们才有机会接触一个不同的信仰,而他们即使最终接受了这种信仰,也无非就是需要一种精神寄

---

① [美]史维东:《中国乡村的基督教:1860—1900年江西省的冲突和适应》,第1页。

托以及满足祈求生活更好的愿望,而不涉及所谓的国家和民族的整体利益。由此,外来宗教与当地人的冲突模式可能根本不适用于理解"平民"对外来宗教的态度。史维东以敏锐的学术眼光看到了这一点,他说:"实际上,我们对基督教在草根阶层的命运以及普通教民与平民之间的日常交往知之甚少。在相当长时期内,关于基督教是如何在小城镇和村庄生存的,哪怕仅就一省而言,也没有人论述过。为了填补这个空白,我的研究重点放到了1860年至1900年的江西省,在这个重要时期,该省乡村教徒数量陡增,引发的问题也加剧。我将检验以下一系列假设是否成立:乡村教徒经常受到绅士阶层挑动的骚扰;生活在乡村的中国教徒都是些处在社会边缘的麻烦制造者,他们应该受到周遭愤怒群众的排挤;教徒自愿或不自愿地与他人隔离。一些新材料可能会对这些假设构成挑战,它们来自对江西小城镇和乡村地区教徒的官方记载。"①

以往对基督教在中国传播的研究,最多的是从文化的冲突和回应这个视角出发的。基督教对中国以儒家为主的传统发起了挑战。然而,真正注重这种传统并肩负维持此传统责任的是那些上层的"绅士",而此传统的社会基础则是宗族结构。当乡村宗族结构出现变化时,那些上层"绅士"维护的与其说是"传统",不如说是他们自己的地位和利益。基督教教义与儒家的冲突其实就是对"绅士"们的社会地位的挑衅。当他们意识到传教士是最大的敌人时,他们想尽一切办法加以抵御,当然这些办法都是军事失败之后的补救措施,比如以"传统维护"和"国家主权"的名义来挑动平民与教士之间的冲突,并把那些皈依基督教的平民描绘为"社会渣滓"。其实,在平民与教士之间并不存在真正与宗教相关的冲突。当然,在这个

---

① [美]史维东:《中国乡村的基督教:1860—1900年江西省的冲突和适应》,第2页。

问题上，当时的传教士们本身可能也存在"误解"。

史维东通过对史料的严密分析，从五个方面印证了他对乡村基督教的假设。

第一，详细考察了乡村基督教的存在形式及其作用。传教士来到当时动乱的中国确实需要具备一种强烈的使命感和牺牲精神。江西地广人稠，而传教士较少，因此，在江西的传教士基本都要进行艰苦的跋涉。在处理一些地方教徒的事务过程中，传教士确实有过错误的判断，繁重的工作让他们难以了解关涉教徒的案件中的事实真相。在这种情况下，他们往往贸然向外国领事求救，外国领事通过总理衙门向地方官员施压。这就给大家一个极为不好的印象，那就是传教士蛮横干涉中国的司法。而传教士往往把江西地方教会的实际管理工作交给本地人中的"传道师"。传教士从当地的教徒中选择他们认为优秀的人担任传道师以负责当地教会的日常事务。"根据天主教教会发言人1839年在《天主布道会年鉴》中写到的中国和亚洲的传教情况，我们知道共有两种传道师：'旅行传道师'和'驻地传道师'。前者通常担任神父的向导和助手，与神父结伴而行。教会要求他们独身，一方面是因为他们的职责和神父类似，另外一方面就是神父有时会派他们单独访问辖区教会。后者通常为居住在本村的已婚或鳏居男子。这两类传道师的职责相同，主要包括：主持崇教者的集会，宣读教义，授业解惑，为教徒及时提供忠告、安慰和支持，为教徒和教外人的婴儿和临死的成年人施洗，主持葬礼，平息矛盾，团结会众。传道师还会演唱赞美诗的第一序曲，使教外人对基督教感兴趣。总之，传道师的任务就是培养和保护好这群人的信仰，一直到神父下次来访。神父一到，传道师就代表所有教民向他汇报本地教会的教务。"①至于传道师能不能正确切实履行其职责,没有资料可以让我们做出有效判断,但有资料显示有时候传教士责怪和抱怨这些人不合格。1846年,江西新任教主和德广制定了一个培养"传道师型的布道者"计划,并派一名神父专门负责此事。另外还有一种负责地方教会的人叫"耆首",这些人是由当地教徒推举并由教会批准的教会负责人,其职责和作用与"传道师"基本一样。担任这些地方教会的"传道士"和"耆首"的基本是平民,绝大多数教徒是贫穷的普通人。

  第二,教堂修建以及与地方冲突的缘由。教堂是基督教传教的重要场所,在某地方的教徒达到一定规模后,往往就需要建设一座教堂,在条件许可的情况下还会修建育婴堂、医院和学校等。传教士会定期向教廷汇报修建教堂的数目。这里最为复杂的问题是建设教堂的购地程序问题。地方官认为购地需要得到他们的批准,其理由是可以避免教会受骗,在教会购地过程中确实出现了几起被骗事件,而传教士认为官府批准实际是给他们建设教堂设置了重重障碍。另外地方人士也可能因为风水问题反对建造教堂。不过,从前面谈到的几个土地纠纷案来看,基本都与宗教本身无关,是一般的土地利益纠纷而已,而且这种纠纷都能在协商或官府的判决下基本得到公正的处理。当然地方百姓由于不了解教堂的情况,对教会有敌视的情况也是存在的,这主要是由于教堂本身没有积极开放,以让百姓了解真相,以至于百姓相信教堂是个"藏污纳垢"之地的传言。对于这一点,史维东在研究了吉安1869年一些正参加考试的士子捣毁一座教堂的案例后评论说:"这则报告反映出地方民众强烈的排教情绪,在一定程度上解释了吉安教堂为什么被毁。但是吴

---

① [美]史维东:《中国乡村的基督教:1860—1900年江西省的冲突和适应》,第33页。

爱耀的叙述也表明，教徒考虑有欠周密。首先，他们应该允许人们进入教堂，向民众展示里面并无奇怪神秘之处。实际上，教堂内部的装饰几乎和寺庙、祠堂里的一模一样。其次，按惯例，寺庙和祠堂外面通常立有功德碑，而地方教会忽视了这一点，于是错失了让众人捐修，进而使教堂建筑名正言顺的机会，本来这样做可以提高教会的社会形象，使人们在心理上更能接受。其三，虽然教徒也捐钱资助教堂的维修和扩建，但是首倡修建教堂的人是神父。我认为正是神父的出现和极力扩建教堂，才吸引了考生和当地人的注意，使他们有借口进行破坏，利用早已存在的敌对情绪，毁坏教堂。"[1]教案中的缘由有很多，其中只有一小部分与宗教有关。基督教在江西的乡村基本能和当地百姓和睦相处，至于发生一些纠纷，都是一般的利益问题，并不能表明他们真的反洋教。

第三，从个人角度看教徒与宗族和家庭的关系。由于教徒信教后不再祭拜祖先，这可能会造成教徒个人与宗族和家庭的关系紧张。我们知道，宗族在中国乡村有着特殊的地位，是乡村社会秩序的基本建构和保障。地方官员对乡村的管理也更多依赖宗族。史维东选择了江西各地的典型案例进行分析，其实这些纠纷都不完全是对这种乡村的宗族秩序的影响而造成的，里面还夹着人性中普遍存在的渴求利益和满足欲望的因素。这是个很复杂的问题，当然不能简单地用一个模式来理解这些乡村中的紧张关系。史维东即使研究了很多乡村的案例，他还是非常谨慎地说："因此，我们无法简单刻画江西乡村地区民、教各自的利益和行为。该如何理解乡民所表现出的价值标准和行为规范呢？我认为在影响日常生活的各种

---

[1] ［美］史维东：《中国乡村的基督教：1860—1900年江西省的冲突和适应》，第58—59页。

复杂因素之中,不仅交织着人的情感,更隐藏着晚清社会生活的不安定感。无论信仰什么宗教,男人和女人、已婚或寡居、宗族和家庭,他们的安定感来自于地方社会的稳定。反之,稳定的生活又依赖于人们对财产的拥有和控制,这些才是人们普遍关心的事情。"①

第四,重点分析与房地产有关的教案。在全国的教案当中,与房地产相关的教案的比例应该是很高的,江西也一样。重点分析这些案件有助于了解乡村基督教冲突的真相。史维东首先考证了有关教会在中国沿海和内地购买地产的条约和协议。到1895年为止,一系列的协议有效保护了基督教在华传播的各种权益。从江西出现的与房地产有关的案例来看,传教士虽然都是按照协议的规定办事,但往往没有顾及中国人的感受以及交易过程中的实际问题。中国官员则过于拘泥形式,常以自己对条约和协议的理解来审理有关教徒的案件。双方都存在官僚主义的心态,但也显示双方都能以协商的方式齐心协力地解决问题。其中,1895年发生在九江庐山的案件具有一定的代表性。英国传教士李德立从德化乡绅手中租下庐山长冲谷,准备开发为避暑地。但在修建房屋以及上山道路时,与当地百姓发生冲突,当地百姓毁坏了他的初期建筑。通过官府的审理,租约是合法的。百姓反对的理由主要是认为外国人如果控制进山的道路,他们就没法进山砍柴。"这个案例清楚地描绘了一个与百姓利益息息相关而与乡绅利益无关紧要的场景。无论哪个群体,都没有发出反对基督教的声音,也没有以风水问题将案情复杂化。对于长冲一带的人们来说,他们最关心的是和日常生活中的经济、交通紧密相关的地方资源问题。英国传教士心里很明白这一点,因此在是否同意进山的问题上显得比较灵活。李牧师也主动

---

① [美]史维东:《中国乡村的基督教:1860—1900年江西省的冲突和适应》,第106页。

允诺,中国人尽可使用新修好的道路。这一点缓和了他与乡民之间的紧张气氛,避免了更多麻烦。"①

第五,教徒与地方治安问题。在19世纪60年代,大约是由于太平天国也信奉一种相似的上帝教,在很多人眼中,这些外来宗教也与他们一样都是扰乱地方、烧杀抢掠的"匪徒"。19世纪后半期的教案显示,教徒们基本与那些"匪徒"没有关系。虽然教徒中也有违法之徒,但也基本能得到官府的公允对待。平常对教徒的管理也与其他民众一样,没有特别去防范教徒。九江武宁县曾发生一起预谋暴乱案。1874年10月至11月间,几个人因崇拜以教武艺为生的名叫余益菖的人的功夫,结拜为兄弟,并推举陈伦和为大哥,成立兄弟帮。余益菖在12月的某个晚上说他会看天象,天象显示武宁有兵灾,因此建议去抢劫武宁县城的富商。于是,兄弟帮打算召集人马。他们认为九江城里的教徒好像也是与官府作对的,就想拉他们入伙。由于不认识九江城里的教徒,他们特意修书一封,由一个叫王浤荣的人于1875年1月10日送到九江天主教堂,信中表明将于1875年春起事,希望教徒们一道去发财等等。九江天主教堂白振铎主教接到信后,立刻就交给了住在府城的九江道台。武宁兄弟帮谋划败露,并被捉拿判刑。针对这个案件,史维东分析说:"这个案例的价值在于它反映出整个兄弟帮诞生的过程。我怀疑类似的帮派在中国乡村非常普遍。在本案中,对余益菖武艺的崇拜把几个人吸引到一起。建立师徒关系后,余和几人之间感情日益深厚。由于贫困带来的巨大压力,众人寄希望于余看星象和预测未来的能力。他给兄弟帮找了一个很普通的目标——县城的富商。但兄弟帮既没能自己起事,也没能联合九江教堂的教徒成事。显然,当地

---

① [美]史维东:《中国乡村的基督教:1860—1900年江西省的冲突和适应》,第127页。

教徒对于煽动叛乱不抱有任何兴趣。"①

从以上五个方面的史料考证和分析可以看出,江西乡村并没有出现大面积的"迫害"基督教的情形。虽然出现很多与教会有关的案件,但这些案件大部分与宗教本身没有关系,基本上是关于土地利益、人际交往以及公共治安的纠纷,况且在这些纠纷中,教徒在大多数情况下既没有得到额外的好处,也没有被歧视。这几乎可以说明,江西乡村的基督教已经成为这些地方的一种普通的信仰,没有真正宗教意义甚至是文化意义上的严重冲突。

19世纪晚期,社会发生了剧烈的动荡。历史叙事一般只关注"动荡"这个主题,很少描述这种大背景的动荡下,在乡村的平民中还存在着一种安宁。只要各种政治势力以及野心家的目光还无暇顾及这些偏远的地方,这些地方其实还是一样的安宁。当所谓的"历史人物"将目光投注到这里,并用各种手段挑唆平民间的内斗时,这里才真正地不得安宁。

史维东考察了那个动荡年代的江西建昌府九都。据当地地方志记载,早在1616年,一位叫罗如望的神父来到这里并劝奉了579名当地人。许多信教者都来自九都一个姓游的宗族。后来即使在清朝禁教期间,这里的教徒仍然保持着他们的信仰。1832年,和德广教士来到九都,听说九都乡民对天主教的态度很好,他把九都当成了活动中心。到了1840年,九都三分之一的人都是教徒。在南昌发生严重教案的时候,九都人公开庆祝复活节,没有丝毫冲突的迹象。

九都也发生过问题。1842年,当地人也要过当地的节日,并向居民派钱准备一些庆祝活动。但在穆导沅主教访问过江西后,教民

---

① [美]史维东:《中国乡村的基督教:1860—1900年江西省的冲突和适应》,第174页。

也许是在主教的指使下,不肯派钱过节。和德广神父希望当地教长和身为教外人的村长能面对面解决教徒交份钱的问题。但是尽管有人从中斡旋,双方还是没有达成和解。教民担心那些要求派钱过节的人会威胁到他们的人身安全,就把教会器什从教堂转移到家中。他们聚在一起决定不再保卫教堂,但是会保护好自己的家。一帮愤怒的乡民还是摧毁了教堂。和神父不得不离开九都。第二年,和神父又回来了,据说是达成了协议,其内容大致是:教徒不用再交钱,不必参加节日活动,但也不能分享任何节日带来的利益,比如免费的娱乐(看大戏)和食品。

经历这个事件后,九都的民教关系归于平静。各自举办自己的庆祝活动,互不干扰,甚至当太平天国军和政府军就在附近激战时,这里也依然如旧。1890年,罗安当神父提到,九都的居民一部分是天主教徒,一部分是"异教徒",这种情形已经延续了12代之久,在后来的47年中,天主教徒与邻人和睦相处。换句话说,自1842—1843年为地方节日捐献事件以来,九都教会再也没遇到过民教之争。

在九都这个地方,完全有一副与南昌不一样的宗教景象。首先,这里几乎不存在反教文字和荒谬的谣言,即使有也很少能激起冲突。其次,在乡村,人们很容易进入教堂、礼拜堂和育婴堂,这些设施通常设在已修建多年的房子里。其三,特殊的宗教活动或开斋庆典,例如上文描述的九都的庆典,都有公开的游行,可以向教外人展示宗教仪式和真正的祭拜活动。更何况,村民只要观看过教徒做礼拜,可能早就知道了这些过程。教士传道或拜访村民家里的时候,普通村民随时可以看到他在做什么,这些也使乡村境况有别于城市。

史维东在具体考察九都乡村的基督教情景的同时,也兼顾了江西其他乡村。这种点面结合的考察方法,让他能在书中的结尾得出令人信服的结论。他最后说:"在19世纪江西的乡村,与天主教徒或其他基督徒有关的分歧常常在很短的一段时间之后就结束了,很少有教案会延续很长时间,也很少有哪个地方会反复发生冲突。中文和外文材料都表明,江西城镇和乡村的平民百姓都没有卷入正在发生的基督教冲突。而且,民教之间常常能够找到一个中间地带,在这个地带里他们可以和平相处,调整自身,适应一个现实,即彼此同属一个地方平等的一份子。"①

从平民对基督教的态度和接受这个视角研究基督教在中国的传播是"西学东渐"研究领域的一个很重要的视角。历史是丰满而生动的,构成历史活动的主要方面应该是广大的平民,而不是少数上层阶级或精英。当然很多时候,社会上层阶级或精英对历史进程和历史面貌确实有巨大影响力,某个历史人物的个性可能决定社会历史的态势,并成为社会历史的共性。然而,这种影响力只是抽取了社会历史的一个方面,哪怕这是最重要方面,也不能全面而准确地刻画历史的全貌。说到底,多数平民的日常生活(包括物质和精神生活)才是历史的真相。况且,历史人物本身也有普通的生活,也就是说,历史人物也有平民的一面,他们不是不食人间烟火的神。如果抛开历史的宏大叙事,历史人物的日常生活也就是那个时代的平民生活。无论多么高级的人物,他如果要活在现实社会中,就总要有日常生活,总要向现实妥协。当然,我在这里应该要申明一句,关注平民生活,并不是那种"民粹主义"式的关注,也就是说,当我说历史中的平民生活才可能让我们看到历史的丰富性时,我并不认为平民决定历史,更不会把平民抬举为"英雄"。

从平民视角研究基督教在中国的传播体现的是一种真正的人

---

① [美]史维东:《中国乡村的基督教:1860—1900年江西省的冲突和适应》,第210页。

文情怀。历史在政客那里是为某种政治辩护的工具,在"看客"那里就一段刺激神经的"传奇",在好功名者那里是一本谋略"教科书"。"一切历史都是现代史"这句名言无非就是表明历史是在不同人那里的"叙述"。然而,任何历史"叙述"都是关于人的,其中总要包含对人的命运的感慨和悲悯。这种感慨和悲悯就是一种人文情怀。当现代社会让人与人之间的差距缩小,人的社会地位从等级森然变为模糊,不再以一种严厉的制度来规定个人的地位,而是造成了一种动态的社会阶层流动时,对平民的关注才变得重要,并成为一种关怀个体生活的人文情怀。研究普通的、多数的、个体的生活的历史就是这种人文关怀的体现。史维东的研究无疑很好地表明了他的这种人文精神。更可贵的是,史维东的这种平民人文情怀完全摆脱了民族、国家和文化的偏见,着力于描述一种平民在生存中的精神需求——信仰。这种信仰完全是基于人的生存压力和需求的,虽然可能关涉到政治以及集团利益,但其动机是纯粹的精神追求。平民抵抗和接受基督教,既不一定与出卖自己的祖宗、国家等有关,也不一定与"国家"和"主权"意识有关。他们的出发点无非就是想让自己活得更好点,更舒心点,更有安全感。也许,基督教的某些方面,比如他们的虔敬、他们的"团契"以及慈善,正符合平民的心理需求。这些平民也许不能真正明白基督教的教义,或许还有些人是因为贫困而来"吃教"的,但那有什么关系,只要日子能过得舒缓一点就够了。

史维东以一种人文情怀在描写这段历史时也尽量保持了客观的态度。他没有套用某种历史模式去写历史。比如,当发生教案时,西方人常认为那是中国人(包括上层和下层的人)在"迫害"教徒,甚至有些对中国情况还比较了解并长期在中国传教的教士也这么认为;中国人常认为这些教案都是中国人民反抗殖民侵略的"英雄事迹"。这种带有成见的历史模式掩盖了许多历史真相。史维东以史料为依据,不偏袒西方人,难能可贵。比如,1869年,江西吉安发生了焚毁教堂的事件。史维东指出,事件的发生与教会本身的做法是有关系的,也就是说教会本身也有不当之处。他没有一味指责焚毁教堂行为。① 1872—1875年,在江西的崇仁县、湖南的安仁县发生了几起教徒与一般平民的民事纠纷。当时在江西传教的罗安当神父认为这些纠纷有许多是"迫害"教徒的,并试图通过外国领事干预案件的审理。史维东经过考证指出,罗安当神父完全搞错了,这些案件大部分与宗教没有关系,只是一些涉及教徒的普通民事案件。② 这种客观描写历史的态度,比起那些信口开河地"塑造民族英雄"的历史描写,在境界上高出许多。

此外,史维东对于史料的分析十分谨慎。他依据的主要史料是清政府总理衙门的《教务教案档案》以及西方各国在华传教修会的内部档案。写历史的人能够去研究这些档案是件很幸运的事情,然而严谨地分析这些档案并据此描写一段历史,却需要拥有良好的分析能力和客观的分析态度。因为同样的史料在不同人那里可能会得出完全相反的结论。

如果坚持以平民的视角去研究庐山近代外来宗教,除了阅读档案和"正史"之外,更应该注重田野调查以及"野史",尤其是民间的有关记忆,无论是文字材料还是口传材料。应该说庐山人研究庐山

---

① [美]史维东:《中国乡村的基督教:1860—1900年江西省的冲突和适应》,第56—59页。
② [美]史维东:《中国乡村的基督教:1860—1900年江西省的冲突和适应》,第64—66页。

近代外来宗教,就后一方面的资料来说更具有天然的优势。不过,这当然需要更多的时间以及更敏锐的材料分析能力,因为民间调查的东西肯定是零碎的。本书的研究应该说还是此研究项目的一个开始,相信以后笔者以及广大有识之士能有更深入的研究成果,尤其是在民间资料的收集、整理和分析方面有更大的进步。

主要参考文献

1. 中国庐山政务网,《庐山简介》,http://www.china-lushan.com:88/lushangaikuang/2011-09-09/1487.html。

2. 胡适:《庐山游记》,《胡适文存三集》,亚东图书馆1930年版。

3. 江龙:《庐山文化发展的历史分期及其特点分析——庐山文化发展的四个阶段》,载《科技广场》2001年第4期。

4. 王华:《世界近代历史背景下的殖民文化问题》,载《清华大学学报(哲学社会科学版)》2008年第5期。

5. [美]希德·安德森:《庐山——我的香格里拉》,慕德华、慕星译,江西高校出版社2015年版。

6. [美]布劳特:《殖民者的世界模式:地理传播主义和欧洲中心主义史观》,谭荣根译,中国社会科学出版社2002年版。

7. 丁伟志、高崧:《中西体用之间》,中国社会科学出版社1995年版。

8. [法]谢和耐:《中国与基督教——中西文化的首次撞击》(增补本),耿昇译,上海古籍出版社2003年版。

9. 唐君毅:《人文精神之重建》下册,广西师范大学出版社2005年版。

10. 王继平:《近代中国与近代文化》,中国社会科学出版社

2003年版。

11. 姜南星主编:《星子县志》,江西人民出版社1990年版。

12. 江西省地方志编纂委员会:《江西省志·江西省宗教志》,方志出版社2003年版。

13. [美]马士:《中华帝国关系史》,张汇文等译,商务印书馆1963年版。

14. Bob Molloy, *Collossus Unsung*, Bloomington: Xlibris Corporation, 2011.

15. "中央研究院"近代史研究所编:《教务教案档》第3辑,台湾"中央研究院"近代史研究所1975年版。

16. 吴宗慈:《庐山志》,胡迎建等注释,江西人民出版社1996年版。

17. 袁行霈、陈进玉主编,俞兆鹏、李少恒本卷主编:《中国地域文化通览·江西卷》,中华书局2013年版。

18. 罗时叙:《人类文化交响乐——庐山别墅大观》,中国建筑工业出版社2005年版。

19. 吕晓玲:《近代中国避暑度假旅游研究(1895—1937)》,合肥工业大学出版社2013年版。

20. 罗玉东:《中国厘金史》上册,香港大东图书公司1977年版。

21. 汪敬虞:《威厚阔、李德立与裁厘加税——记八十八年前的一次争论》,载《中国社会经济史研究》1990年第4期。

22. 张宪文、方庆秋等主编:《中华民国史大辞典》,江苏古籍出版社2001年版。

23. 余啸秋:《永利碱厂和英商卜内门洋碱公司斗争前后论略》,载《文史资料选辑》第80辑,文史资料出版社1982年版。

24. 陈歆文:《永利与卜内门的拼搏》,载《纯碱工业》1982年第

5期。

25.熊月之:《稀见上海史志资料丛书》第7册,上海书店出版社2012年版。

26.吴志伟:《上海工部局董事会变化表(中)》,见上海市历史博物馆编:《都会遗踪·上海市历史博物馆集刊2009(1)》,上海书画出版社2009年版。

27.章开沅、林增平、王天奖、刘望龄:《辛亥革命史》下册,人民出版社1981年版。

28.辛亥革命武昌起义纪念馆、政协湖北省委员会文史资料研究委员会合编:《湖北军政府文献资料汇编》,武汉大学出版社1986年版。

29.上海社会科学院历史研究所编:《辛亥革命在上海史料选辑》,上海人民出版社1966年版。

30.[美]保罗·谢瑞茨主编:《庐山忆旧》,慕星、慕德华译,江西高校出版社2015年版。

31.《文史大观》编辑部:《文史大观》1996年第1期(总第6期),庐山申报世界自然与文化遗产专辑。

32.龚志强、刘正刚:《晚清庐山开发中的土地问题》,载《南昌大学学报(人文社会科学版)》2010年第2期。

33.陈熙炜抄《牯岭十二条》,见欧阳怀龙主编:《从桃花源到夏都——庐山近代建筑文化景观》,同济大学出版社2012年版。

34.彭开福:《牯岭地区的初期规划及别墅建筑》,见彭开福、欧阳怀龙等:《庐山风景建筑艺术》,江西美术出版社1996年版。

35.李南:《中国近代避暑地的形成与发展及其建筑活动研究》,浙江大学博士论文,2011年10月。

36.徐新民、康春华:《九江:一个晚清城市的开放与纷争》,见刘海岩主编:《城市史研究》第 22 辑,天津社会科学院出版社 2004 年版。

37. 齐思和等编:《第二次鸦片战争》第 3 册,上海人民出版社 1978 年版。

38. 王铁崖:《中外旧约汇编》,生活·读书·新知三联书店 1957 年版。

39. 陈荣华、何友良:《九江通商口岸史略》,江西教育出版社 1983 年版。

40. 杜语:《开埠史话》,社会科学文献出版社 2011 年版。

41. 达春布主修:《(同治)九江府志》,清同治十三年(1874)刻本。

42. 夏燮:《中西纪事》卷 3,岳麓书社 1988 年版。

43. 吴宜先:《九江城市历史及景观变迁》,长江出版社 2007 年版。

44. 九江港务管理局:《九江港志》,九江港务管理局 1998 年版。

45. 九江市地方志编纂委员会:《九江市志》,凤凰出版社 2003 年版。

46. 陈晓鸣:《中心与边缘:九江近代转型的双重变奏》,上海师范大学博士学位论文,2004 年 5 月。

47. 九江市教育志编撰委员会:《九江市教育志》,中华书局 1996 年版。

48. 当代中国研究所编:《中华人民共和国史编年(1951 年卷)》,当代中国出版社 2007 年版。

49. 中国人民政治协商会议九江市委员会文史资料研究委员会编印:《九江文史资料选辑》第 6 辑,1992 年,内部资料。

50. [英]麦格拉思:《基督教概论》(第 2 版),孙毅、马树林、李洪昌译,游冠辉校,上海人民出版社2013年版。

51. 顾长声:《传教士与近代中国》,上海人民出版社2013年版。

52. 卓新平:《中华文化通志·基督教犹太教志》,上海人民出版社1998年版。

53. 徐宗泽:《中国天主教传教史概论》,上海书店出版社1990年版。

54. 中国第一历史档案馆、福建师范大学历史系合编:《清末教案》第1册、第4册,中华书局1996年、2000年版。

55. 王明伦:《反洋教书文揭帖选》,齐鲁书社1984年版。

56. [法]费赖之:《在华耶稣会士列传及书目》上册,冯承钧译,中华书局1995年版。

57. 《江西省人物志》编纂委员会编:《江西省人物志》,方志出版社2007年版。

58. 北京天主教与文化研究所编,赵建敏主编:《天主教研究论辑》第2辑,宗教文化出版社2005年版。

59. 任继愈主编:《宗教大辞典》,上海辞书出版社1998年版。

60. 武汉地方志编纂委员会:《武汉市志·社会志》,武汉大学出版社1997年版。

61. 南开大学世界近现代史研究中心:《世界近现代史研究》第5辑,中国社会科学出版社2008年版。

62. 潘兴明:《20世纪中加关系》,学林出版社2007年版。

63. 黄志繁、周伟华:《近代基督教新教江西美以美会研究》,载《南昌大学学报(人文社科版)》2008年第4期。

64. 张国宏:《庐山宗教史话》,江西人民出版社2012年版。

65. 杨卫东、涂文学主编,裴高才、邓正兵副主编:《辛亥首义百人传》上册,中国社会科学出版社2011年版。

66. 周川主编:《中国近现代高等教育人物辞典》,福建教育出版社2012年版。

67. 徐以骅、张庆熊:《基督教学术》第4辑,上海古籍出版社2006年版。

68. [美]刘禾:《帝国的话语政治:从近代中西冲突看现代世界秩序的形成》,杨立华等译,生活·读书·新知三联书店2009年版。

69. 张美平:《晚清外语教育研究》,中国社会科学出版社2011年版。

70. 包华德主编:《民国名人传记辞典》第九分册,中华书局1980年版。

71. 高平:《浔阳遗踪》,江西人民出版社2006年版。

72. 湖北省地方志编纂委员会:《湖北省志人物志稿》第3卷,光明日报出版社1989年版。

73. 陈书平:《民国江西新教学校及其基督化人格培养研究》,南昌大学硕士论文,2004年12月。

74. 熊振顺:《她是一个平凡的人,却有一颗不平凡的心》,载《同文教育》2001年第2期。

75. 张翊:《甲子前,在母校同文中学的时候》,载《同文教育》2001年第2期。

76. 张之翔:《回忆同文母校》,载《同文教育》2002年第2期。

77. 黄问盈:《怀念父亲黄西》,载《同文教育》2002年第2期。

78. 李楚材:《帝国主义侵华教育史料——教会学校》,北京教育科学出版社1987年版。

79. 涂明华、欧阳蔚、汪娩南、王绍峰:《九江学院护理教育史(一)》,载《中华护理教育》2012年第10期。

80. 梁启超:《饮冰室合集》第1册,中华书局1989年版。

81. 孙伟:《近代中国人口优化启示:民国中期的南昌市人口》,江西人民出版社2013年版。

82. 张廷:《九江近现代报刊》,载《九江市市志通讯》1992年第1期。

83. 蒋廷黻:《近代中国外交史资料辑要》中卷,东方出版社2014年版。

84. 李定一:《中美早期外交史》,北京大学出版社1997年版。

85. 赵树贵:《江西教案史》,江西人民出版社2005年版。

86. [美]史维东:《中国乡村的基督教:1860—1900年江西省的冲突和适应》,吴薇译,江苏人民出版社2013年版。

87. [美]凯思林·C.格林、斯坦利·克劳福德等:《郝特夫妇的中国岁月》,慕星、慕德华译,江西高校出版社2015年版。

88. 张力、刘鉴堂:《中国教案史》,四川社会科学院出版社1987年版。

89. [德]瓦德西:《拳乱笔记》,见中国史学会主编:《中国近代史资料丛刊·义和团》第3册,上海人民出版社1957年版。

90. 中华续行委办会督查特委会:《1901—1920年中国基督教调查资料》下卷,中国社会科学出版社2007年版。

91. 钟兴正:《牯岭心影》,载《旅行杂志》1931年第5卷第7号。